복음대로 삶 시리즈
Unity

연합
참된 그리스도인의 하나 됨

Unity: Striving Side by Side for the Gospel, Growing Gospel Integrity series
by Conrad Mbewe

Copyright ⓒ 2023 by Conrad Mbewe
Published by Crossway, a publishing ministry of Good News Publishers
Wheaton, Illinois 60187, U.S.A.

This Korean edition copyright ⓒ 2025 by Word of Life Press, Seoul, Republic of Korea.
Published by arrangement with Crossway through rMaeng2, Seoul, Republic of Korea.
All rights reserved.

이 한국어판의 저작권은 알맹2를 통하여 Crossway와 독점 계약한 생명의말씀사에 있습니다.
신저작권법에 의하여 한국 내에서 보호받는 저작물이므로 무단 전재와 무단 복제를 금합니다.

연합

ⓒ 생명의말씀사 2025

2025년 2월 24일 1판 1쇄 발행

펴낸이 | 김창영
펴낸곳 | 생명의말씀사

등록 | 1962. 1. 10. No.300-1962-1
주소 | 서울시 종로구 경희궁1길 6(03176)
전화 | 02)738-6555(본사) · 02)3159-7979(영업)
팩스 | 02)739-3824(본사) · 080-022-8585(영업)

기획편집 | 유영란, 정설아
디자인 | 박소정
인쇄 | 예원프린팅
제본 | 다온바인텍

ISBN 978-89-04-16911-5 (04230)
　　　978-89-04-70099-8 (세트)

저작권자의 허락 없이 이 책의 일부 또는 전체를
무단 복제, 전재, 발췌하면 저작권법에 의해 처벌을 받습니다.

연합

참된 그리스도인의 하나 됨

한마음 한뜻으로
복음을 위해
협력하는 길

코래드 음베웨 지음 | 이재국 옮김

생명의말씀사

추천의 글

콘래드 음베웨는 단순함과 심오함을 결합하는 특별한 능력이 있다. 그는 이 은사를 사용해서 복음주의적 연합, 곧 복음적 연합을 고찰한다. 그리스도께서 이 연합을 확보하셨고 성령님이 이 연합을 이루셨다는 사실을 진술할 뿐 아니라, 어떻게 이 위대한 현실이 이러한 연합을 의도적으로 실천하도록 이끄는지, 이를 드러내는 하나님의 명령도 제시한다. 우리는 연합의 의무가 신자의 선택에 달린 부차적 일이 아니라, 단순히 삶에서 복음을 발현하는 것임을 깨닫게 된다.

D. A. 카슨(D. A. Carson)
복음연합(The Gospel Coalition) 신학자

신자들 사이에 불필요한 분열이 일어나거나 성경적 진리를 타협하는 이들과 거리를 두지 못해 복음 사역이 방해받는 경우가 너무나 많다. 콘래드 음베웨는 우리를 성경으로 돌아가게 하여, 지나치게 까다로운 분열과 지나치게 감상적인 타협 사이에서 균형을 잡는 데 필요한 지혜를 발견하게 한다. 이 유용한 책은 성경에 충실할 뿐 아니라 매우 실용적이다. 이 책의 토대는 교회에 대한 저자의 사랑, 그리고 하나님 나라가 확장됨에 따라 하나님이 영광 받으시는 것을 보고자 하는 그의 열정이다.

샤론 제임스(Sharon James)
크리스천 인스티튜트(The Christian Institute) 사회정책 분석가

**오직 너희는
그리스도의 복음에
합당하게 생활하라**

빌립보서 1장 27절

Unity
contents

추천의 글 _ 5
시리즈 서문 _ 11

서론: 그리스도인의 연합에 대한 극단적 견해를 피하라 _ 15

Part 1 그리스도인의 연합에 대한 선언

1. 그리스도 안에서 연합이 성취되었다 _ 31
2. 성령님이 연합을 적용하신다 _ 53

Part 2 그리스도인의 연합에 대한 명령

3. 신자들은 열정적으로 연합을 지켜야 한다 _ 75
4. 복음 사역 속에서 연합이 증거된다 _ 99

결론: 그리스도인의 연합은 추구하고 경축할 가치가 있다 _ 115

감사의 글 _ 127
주 _ 129

시리즈
서문

복음대로 사는 삶은 오늘날의 교회에 가장 중요한 필수 요건이다. 이 온전함은 진리의 복음에 우리의 머리와 가슴과 삶을 완전히 일치시키는 것으로, 도덕이나 정통 교리보다 더 필요하다.

사도 바울은 빌립보서 독자들에게 복음의 백성답게 살라고 호소하면서 복음대로 사는 삶이 무엇인지 그 네 가지 특징을 제시한다.

첫째, "너희는 그리스도의 복음에 합당하게 생활하라"(빌 1:27a). 즉, 복음의 백성은 복음에 **합당한** 삶을 살아야 한다.

둘째, "한마음으로 서서 한뜻으로 복음의 신앙을 위하여 협력"(빌 1:27b)하라. 달리 말하면, 복음대로 사는 삶은 함께 **연합하는** 신실한 태도를 요구한다.

이 두 가지 태도에는 "고난"과 "싸움"(빌 1:29-30)이 뒤따른다. 그래서 바울은 셋째로 "두려워하지 아니하"(빌 1:28a)도록 당부하면서 이런 **용기**가 분명한 "구원의 증거"(빌 1:28b)라고 설명한다.

마지막으로 넷째, 바울은 이렇게 말한다.

> 그러므로 그리스도 안에 무슨 권면이나 사랑의 무슨 위로나 성령의 무슨 교제나 긍휼이나 자비가 있거든 마음을 같이하여 같은 사랑을 가지고 뜻을 합하며 한마음을 품어 아무 일에든지 다툼이나 허영으로 하지 말고 오직 겸손한 마음으로 각각 자기보다 남을 낫게 여기고(빌 2:1-3).

이처럼 바울은 **겸손** 없이는 그리스도인의 진정한 온전함이 불가능하다고 분명히 밝힌다.

'복음대로 삶' 시리즈의 목적은 바울의 복음주의적 요청, 곧 복음에 **합당하게, 연합하여, 용기 있고, 겸손하게** 살아가라는 요청을 다시 되새기는 것이다. 하지만 우리는 이 네 가지 특징이 추상적인 도덕적 자질이나 덕목을 뜻하지 않는다는 사실을 기억해야 한다. 바울이 뜻하는 바는 **복음대로 사는 삶**의 매우 구체적인 특징과 모습들이다. 이처럼 이 시리즈의 책들은 어떻게 복음이 우리 안에 있는 이러한 자질을 북돋우고 형성하는지를 당신에게 보여 줄 것이다.

이 작은 시리즈를 통하여 하나님이 영광 받으시고 "주 예수 그리스도의 은혜가 여러분의 심령과 함께 있기를"(빌 4:23, 새번역 성경) 기도한다.

'복음대로 삶' 시리즈 기획자
마이클 리브스 (Michael Reeves)

서론

그리스도인의 연합에 대한
극단적 견해를 피하라

인간은 삼위일체 하나님이 창조하신 사회적 피조물이다. 우리는 연합과 자비의 자세로 다른 이들과 관계를 맺도록 지음 받았다. 우리는 다른 이들과 함께할 때, 공동선을 위해 함께 일할 때 가장 잘 번성한다. "인간은 아무도 섬이 아니다."라는 유명한 말이 있듯이 평화로운 공존이야말로 인간성의 본질이다. 우리는 평화로운 환경에서 살고 싶어 한다. 평화와 연합이라는 주제는 우리 인간에게 매우 중요하다.

우리는 모두 평화와 연합을 마땅히 갈망해야 한다. 그러나 죄가 세상에 들어오면서, 이 평화와 연합을 누리며 함께 살아갈 수 있는 능력은 인간의 실존에 있어 죄의 영향을 크게 받은 영역 중 하나가 되었다. 죄는 우리를 너무나 이기적으로 만들었다. 이에 따라, 조화롭게 살고자 하는 우리의 노력은 위기에 봉착했다. 앞으로 이 책에서 배우게 될 테지만, 그리스도께서는 우리를 하나님과 화목하게 만드실 뿐 아니라 우리도 서로 화목하게 만드시려고 오셨다. 그렇기에 교회는 사람들 간에 이러한 깊은 갈망이 이루어지는 장소가 되어야 한다. 참된 그리스도인들 사이에서는 연합이 상당 부분 실현된다. 하지만 이 연합을 실제 경험에서 더욱 충만히 이루려면 우리가 해야 할 일이 많다. 이 사실을 앞으로 살펴볼 것이다.

R. B. 카이퍼(R. B. Kuiper)는 그의 고전적 저서 『누가 그리스도의 영광을 탈취했는가?』(The Glorious Body of Christ)에서 이렇게 썼다.

> 교회의 처지는 세상만큼이나 안타깝다. 겉보기에 교회 역시 분열된 집과 다름없다. 마치 원래 자리에서 떨어져 산산조각이 난 아름다운 꽃병과 같다. 교회는 폭탄이 터져서 엉망이 되어 버린 웅장한 구조물과도 같다. 믿기 어렵겠지만, 예수 그리스도의 교회는 실제로 하나다.[1]

우리는 이 하나 됨을 추구해야 한다.

바울은 빌립보 교회에 편지를 썼을 때, 그 교회가 자신에게 어떤 의미인지 알았기에 기쁨이 충만했다. 빌립보 교회는 유럽으로 향하는 바울의 선교 사역을 후원했다. 심지어 바울이 감옥에 갇혔을 때도 빌립보 교회는 그에게 꼭 필요한 물품들을 보냈다. 게다가 이 편지가 쓰인 시기에 빌립보 교회 성도들은 유능한 에바브로디도를 보내 옥중에 있는 바울을 섬기게 했다(빌 2:25). 그러나 바울은 교회가 분열된다면 교회 사역이 방해받게 된다는 사실을 알고 있었다. 그래서 그는 빌립보 교회 성도들이 성도의 연합을 당연한 것으로 여기지 않기를 바랐다. 빌립보 교회에서는 바울이 소중히 여겼던 유오디아와 순두게가 서로 다투고 있었다. 이들은 복음을 위해 바울과 함께 수고한 여인들이었다. 이 다툼의 소식이 옥중에 있는 바울에게 전해지자, 바울은 그들에게 이렇게 호소했다.

내가 유오디아를 권하고 순두게를 권하노니 주 안에서 같은 마음을 품으라 또 참으로 나와 멍에를 같이한 네게 구하노니 복음에 나와 함께 힘쓰던 저 여인들을 돕고 또한 글레멘드와 그 외에 나의 동역자들을 도우라 그 이름들이 생명책에 있느니라(빌 4:2-3).

이 책의 핵심은 빌립보서 1장 27절이라고 할 수 있다. 이 말씀은 빌립보 교회에 교제와 사역 모든 면에서 하나 됨을 유지하라고 호소한다. 바울의 호소는 복음에 기초한다. 그는 빌립보 교회 성도들이 그들이 알게 된 복음에 합당한 삶을 살기를 원했다. 그는 이렇게 권면한다.

> 오직 너희는 그리스도의 복음에 합당하게 생활하라 이는 내가 너희에게 가 보나 떠나 있으나 너희가 한마음으로 서서 한뜻으로 복음의 신앙을 위하여 협력하는 것과.

빌립보 교회 성도들이 복음이 중심이 되는 삶을 유지한다면, 그들은 한마음으로 굳게 서서 같은 복음을 위해 서로 협력할 것이다. 이러한 일은 사도 바울이 그들과 함께 있든 그렇지 않든 일어날 것이다.

과거에 그랬던 것처럼 오늘날에도 이 복음 중심적 연합(또는 복음적 연합)은 그리스도인들 사이에서 강조되어야 한다. 교회에 오는 이들은 오래지 않아 성도의 연합에 대해 잘못되고 서로 반대되는 (심지어 위험한) 두 가지 견해를 마주하게 된다.

단지 조직적인 연합

어떤 이들은 단지 조직적인 차원의 연합에 주로 관심을 둔다. 이들은 그리스도인으로 자신을 정의하는 모든 사람과 교회가 함께 일종의 범세계적 교회를 이루기를 원한다. 이런 견해를 가진 이들은 종종 예수님이 대제사장으로서 기도하실 때 하신 말씀에 근거해서 호소한다. 그리스도께서는 성부 하나님께 "내가 비옵는 것은 이 사람들만 위함이 아니요 또 그들의 말로 말미암아 나를 믿는 사람들도 위함이니 … 그들도 다 하나가 되어 … 세상으로 아버지께서 나를 보내신 것을 믿게 하옵소서"(요 17:20-21)라고 기도하셨다. 주 예수 그리스도께서 이 기도에서 말씀하신 것처럼, 눈에 보이는 형태로 온 교회가 연합을 이루면 복음을 드러내는 매력을 갖게 된다는 주장은 종종 제기되었다. 누가 이를 원하지 않겠는가?

이러한 호소를 하는 이들은 이 연합이 "그들의 말로 말미암아 나를 믿는 사람들"을 위한 것임을 쉽게 잊곤 한다. 즉, 이 하나 됨은 복음을 참으로 믿는 이들의 연합이다. 물론 믿음은 마음의 문제이며, 우리는 신앙이 있다고 말하는 이들을 받아들이고 싶겠지만, 이들이 말하는 신앙은 성경에 계시된 복음이 토대여야 한다. 이 복음은 사람의 행위가 아닌 하나님의 은혜에 의해 이루어진 것으로서 그리스도께서 성취하신 사역에 전적으로 기초한다. 그렇기에, 예를 들어 우리는 동정녀 마리아가 주 예수 그리스도와 함께 공동으로 우리 구속자가 되신다거나, 마리아에게 기도해서 아들인 그리스도께서 우리에게 자비를 베푸시도록 구해야 한다고 믿는 이들과는 연합할 수 없다. 그것은 구원을 주지 못하는 거짓 복음이다. 주님이 바라시는 연합은 사도들이 선포하는 복음을 기반으로 하며, 그 내용은 성경을 통해 얻게 된다.

요한복음 17장을 인용하면서 연합을 주장하는 이들이 종종 간과하는 점이 또 있다. 믿음은 마음의 문제이기에 우리가 볼 수 없지만, 이 믿음은 눈에 보이는 열매를 맺는다는 사실이다. 회심하는 이가 경험하는 영적 변화는 주변 사람들에게 명백히 감지된다. 예수님은 죄로부터 구원하신다. 이런 변화가 일어나지 않는다면 그리스도인이라고 아무리 진실하게 주장할지라도 이는 거짓이다. 사도 바울은 자기 제자인 디도에게 "모든 사람에게 구원을 주시는 하나님의 은혜가 나타나 우리를 양육하시되 경건하지 않은 것과 이 세상 정욕을 다 버리고 신중함과 의로움과 경건함으로 이 세상에 살고"(딛 2:11-12)라고 가르쳤다. 구원을 주시는 하나님의 은혜는 거룩함이라는 열매를 낳는다. 우리는 오랫동안 경건함을 저버린 이들과 교회를 성도의 교제에 포함할 권한이 없다. 사실 우리가 사도 바울의 가르침을 진지하게 대한다면, 죄를 완고하게 탐닉하는 이들은 교회에서 내보내야 마땅하다(고전 6:9-13 참조).

마지막으로, 단지 조직적인 연합을 지지하는 이들은 주 예수 그리스도께서 요한복음 17장의 기도에서 말씀하신 중요한 구절도 잊은 것이다. 20-21절 전체를 보자. 예수님은 "내가 비옵는 것은 이 사람들만 위함이 아니요 또 그들의 말로 말미암아 나를 믿는 사람들도 위함이니 아버지여, 아버지께서 내 안에, 내가 아버지 안에 있는 것같이 그들도 다 하나가 되어 우리 안에 있게 하사 세상으로 아버지께서 나를 보내신 것을 믿게 하옵소서"라고 기도하셨다. 주님은 본질적으로 조직적 연합이 아닌 영적 연합을 위해 기도하셨다. 이것이 바로 "아버지여, 아버지께서 내 안에, 내가 아버지 안에 있는 것같이"라는 기도가 의미하는 바다. 하나님의 위격들이 서로 가지시는 바로 그 영적 유대가 참된 신자들 사이의 연합의 선례다. 앞으로 더 보겠지만, 주 예수 그리스도께서 이 연합을 성취하셨고 성령님이 이를 신자들에게 적용하셨다. 그리스도 안에서 참된 신자들이 갖는 유대는 조직적 유대라기보다는 유기적(organic) 유대라고 할 수 있다. 우리에게는 이를 유지할 임무가 주어졌다.

우리는 그리스도인이라고 주장하는 모든 이와 연합을 취하는 극단으로 가지 않도록 주의해야 한다. 그들이 믿는다고 말하는 복음이 성경이 가르치는 복음인지 그리고 이를 통해 열매를 맺는지를 확실히 살펴야 한다. 요한복음 17장 21절을 해설하면서 존 칼빈(John Calvin)은 이렇게 말했다.

> 그러므로 우리는 그리스도께서 연합에 대해 말씀하실 때마다 세상이 그분으로부터 분리되었을 때 얼마나 천박하고 충격적으로 뿔뿔이 흩어지게 되었는지를 기억해야 한다. 그다음으로 우리는 복된 삶의 시작이란 우리 모두 오직 그리스도의 영의 다스림을 받으며 살아가는 것임을 배워야 한다.[2]

전적 동의로서의 연합

그리스도인의 연합에 대한 또 다른 극단적 견해는 교리적으로든 실천적으로든 모든 면에서 서로 동의하는 이들과만 함께 일하려는 사람들에게서 나타난다. 그들은 종종 예배 형식, 정치 및 사회 이슈, 자녀 교육 및 훈육 방식, 교회 기관 및 운영, 소셜 미디어의 사용, 종말론에 대한 견해 등을 두고 서로 나뉜다. 이미 알아차렸겠지만, 이것들은 모두 복음과 관련된 문제가 아니다. 물론 교회 간에 얼마나 서로 협력해서 일할 수 있는지는 우리가 교리와 실천이라는 영역에서 얼마나 하나 되어 있는지에 달렸다. 그러나 우리가 같은 복음을 따르는 것이 분명하다면 서로 협력할 수 있는 부분이 여전히 있다. 같은 복음을 따르는 신자들 간에 모든 협력을 거부하는 것은 잘못이다. 이러한 분열이 허용되었다면 신약 시대 교회가 유대인과 이방인이라는 양측으로 진즉에 갈라졌을 것이다. 이 문제는 초기 기독교 시기에 교회의 연합을 크게 위협했기 때문이다.

사도 바울은 로마서나 고린도전서 등 자신의 서신에서 이 문제를 다루었다. 예를 들어, 그는 로마서에서 이렇게 말한다.

> 믿음이 연약한 자를 너희가 받되 그의 의견을 비판하지 말라 어떤 사람은 모든 것을 먹을 만한 믿음이 있고 믿음이 연약한 자는 채소만 먹느니라 …

어떤 사람은 이날을 저 날보다 낫게 여기고 어떤 사람은 모든 날을 같게 여기나니 각각 자기 마음으로 확정할지니라 … 네가 어찌하여 네 형제를 비판하느냐 어찌하여 네 형제를 업신여기느냐 … 이러므로 우리 각 사람이 자기 일을 하나님께 직고하리라(롬 14:1-2, 5, 10 12).

바울은 로마 교회의 그리스도인들이 이러한 문제들에 대해 심지어 교리나 실천에 차이를 보일지라도 연합을 유지해야 한다고 호소했다. 서로 차이점이 있다고 해서 무조건 그것이 갈라질 만한 이유가 되지는 않는다. 어떤 문제에 있어서는 서로 다른 견해를 가진다는 점을 인정할 수 있다.

오래전 한 젊은 목사의 이야기를 들었다. 그는 결혼 생활에서 다툼이 일어난 한 가정으로부터 도움 요청을 받고 한밤중에 그 집을 찾아갔다. 그 목사는 이렇게 말했다. "그 집에 가서 거기를 전쟁터로 만든 문제가 무엇인지를 들었을 때, 저는 믿을 수 없었어요. 너무 사소한 문제였거든요." 더 연륜 있는 목사들은 곧바로 그 젊은 목사에게 사소한 문제로도 가정이 파괴되는 예가 자주 있다고 말해 주었다. 작은 차이로 인해 화목하게 지내지 못하는 그리스도인 부부들이 있다. 그들은 본질과 비본질을 구분하지 못한다. 안타깝게도 이러한 일은 가정에 국한되지 않는다. 교회 간에 일어나는 너무 많은 분열이 동일한 문제 때문에 발생한다.

내가 이 책에서 하고 싶은 말은 바로 이런 것이다. 우리는 복음과 관련 없는 문제로 분열하지 않도록 조심해야 한다. 이미 우리가 빌립보서 1장 27절에서 보았듯이, 이것이 사도 바울이 빌립보 교회 성도들에게 전한 메시지의 핵심이었다. 지역 교회 안에서의 연합은 당시 바울의 주된 관심사였지만, 지역 교회를 분열시킬 수 있는 바로 그 문제는 교회의 경계 밖에서도 경건한 이들 사이를 갈라놓을 수 있다. 역으로 말하자면, 지역 교회 안에서의 분열을 치유할 수 있는 원리는 교회 밖에서의 성도들 사이의 분열도 치유할 수 있다. 그러므로 이 책에서 나는 좀 더 넓은 범위에서 그리스도의 몸 안에서의 복음적 연합이라는 주제를 다룰 것이다. 마크 데버(Mark Dever)는 이렇게 말했다.

> 교회는 하나이며 하나가 되어야 한다. 하나님이 한 분이시기 때문이다. 그리스도인을 특징지었던 것은 바로 연합이었다(행 4:32). 교회에서 그리스도인의 연합은 교회의 속성이 되어야 하며, 하나님 자신의 하나 되심을 반영해서 세상에 보여 주는 표징이 되어야 한다. 그러므로 분열과 다툼은 특별히 심각한 걸림돌이다.[3]

이 책에서 나는 사도 바울이 전한 빌립보서 1장 27절 말씀을 통해 신약 전체의 관점을 풀어내려고 한다. 빌립보 교회에서는 교리 문제로 갈등이 일어나고 있었고 그중 일부는 빌립보서에서

암시된다. 그런 문제가 있더라도 바울은 빌립보 교회 성도들 사이에 건강한 연합이 이루어진다는 소식을 계속 들을 수 있기를 원했다. 빌립브 교회 성도들은 복음의 신앙을 위해 협력하기 위해서 서로 한마음과 한뜻으로 굳게 설 필요가 있었다. 바울은 이것이 그들의 삶의 태도에서 드러나기를 바랐다. 이것은 21세기를 살아가는 우리에게도 중요한 부르심이다. 우리 중 많은 이가 그리스도의 교회를 이끌기에 더욱 그렇다. 앞서 제시한 양극단으로 빠지기가 쉬우며, 양극단 모두 진정한 연합인 복음적[4] 연합을 드러내지 못한다. 우리는 이 두 극단을 거부하는 동시에 이 진정한 연합이 무엇인지를 명확히 할 필요가 있다. **성경적** 연합이란 무엇일까?

R. B. 카이퍼는 이 두 극단에 대해 경고할 때 이렇게 말했다.

극단적인 분파주의(denominationalism)는 [이는 자신의 교회만이 옳기에 다른 교회로부터 분리해야 한다고 보는 경향을 의미한다] 분열을 가속화하며, 그렇기에 교회의 연합을 그 어느 때보다 더 흐리게 만들지만, 결코 이 연합을 파괴할 수는 없다. 극단적인 연합주의(unionism)는 [이는 기독교라고 주장하는 모든 조직을 다 참 기독교라고 여기고 일종의 조직적 연합을 추구하려는 경향을 의미한다] 교회의 파괴를 가져오지만, 결코 교회나 교회의 순수성을 파괴하도록 실제로 허용되지는 않는다.[5]

교회의 지도자라면 모두 이 문제를 빠르게 직면하게 된다. 그리고 이 중 하나의 극단으로 이끌리게 된다는 사실을 알아차리게 될 것이다. 그래서 사역할 때 그리스도의 몸의 연합이란 주제에 대해 성경이 가르치는 균형 있고 참된 관점이 무엇인지를 확신함으로써 이 두 오류를 방지하는 것이 중요하다. 다시 말하지만, 지도자들이 자기 자신과 자신의 교회를 오류로부터 지키는 것만으로는 충분하지 않다. 그들은 참된 연합을 드러내도록 교회 내에서와 교회 사이에서 목적의식을 가지고 힘써 일해야 한다. 하나님의 백성이 복음의 신앙을 위해 협력하고 하나님을 영화롭게 하기 위해서는 무엇을 해야 하는가? 이 중 몇 가지를 이 책에서 이야기하려고 한다.

Unity

Part 1

그리스도인의 연합에 대한 선언

1. 그리스도 안에서 연합이 성취되었다
2. 성령님이 연합을 적용하신다

chapter 1

그리스도 안에서 연합이 성취되었다

그리스도인의 연합이라는 주제에서 먼저 핵심적으로 다루어야 할 단순한 사실이 있다. 바로 하나님이 이미 우리에게 연합을 보증하셨다는 사실이다. 엄격하게 말하자면, 우리의 역할은 연합하게 되는 것이 아니라 연합 안에 머무르는 것이며, 연합을 얻어 내는 것이 아니라 연합을 유지하는 것이다. 예수님은 이러한 연합의 특징에 대해 이렇게 말씀하셨다.

나는 선한 목자라 나는 내 양을 알고 양도 나를 아는 것이 아버지께서 나를 아시고 내가 아버지를 아는 것 같으니 나는 양을 위하여 목숨을 버리노라 또 이 우리에 들지 아니한 다른 양들이 내게 있어 내가 인도하여야 할 터이니 그들도 내 음성을 듣고 한 무리가 되어 한 목자에게 있으리라(요 10:14-16).

예수님의 관점에서 생각하면, 그분께는 오직 하나의 양 무리만이 있을 뿐이다. 이 책 1장과 2장에서 나는 하나님이 어떻게 성자와 성령을 통해 이를 이루셨는지를 이야기하려고 한다. 주님은 타락으로 인해 불가능해진 일을 성취하셨다.

그리스도께서 우리의 연합을 보증하시기 위해 죽으셨다

예수 그리스도께서 십자가에서 죽으셨을 때, 그분은 우리와 하나님만이 아니라 우리 서로를 화해시키고 계셨다. 이 사실은 바울이 에베소 교회 성도들에게 교회 내 유대인과 이방인의 연합에 관해 설명한 내용에서 잘 드러난다. 그리고 이것은 우리 인간들 사이에서 일어나는 모든 종류의 분열, 즉 성(性), 인종, 국적, 경제, 종족, 철학 등의 문제로 일어난 분열에 적용될 수 있다. 바울은 이렇게 말한다.

이제는 전에 멀리 있던 너희가 그리스도 예수 안에서 그리스도의 피로 가까워졌느니라 그는 우리의 화평이신지라 둘로 하나를 만드사 원수 된 것 곧 중간에 막힌 담을 자기 육체로 허시고 법조문으로 된 계명의 율법을 폐하셨으니 이는 이 둘로 자기 안에서 한 새사람을 지어 화평하게 하시고 또 십자가로 이 둘을 한 몸으로 하나님과 화목하게 하려 하심이라 원수 된 것을 십자가로 소멸하시고(엡 2:13-16).

13절의 "이제는"이라는 표현은 유대인과 이방인 사이에 있던 절망적인 분열에 대한 응답이다. 이들 사이의 분열은 그들의 타락한 상태 때문만이 아니라 그들이 교회 안에서 그룹을 나누었기 때문이기도 하다. 이방인들은 외부인이었다. 그들은 (일부 유대인들이 명명하듯이) 이방의 개들로 여겨졌다. 이는 그들이 "이스라엘 나라 밖의 사람"이자 "약속의 언약들에 대하여는 외인이요 세상에서 소망이 없고 하나님도 없는 자"였기 때문이다(엡 2:12). 그러나 이제는 모든 것이 바뀌었다. 그리스도 예수와의 연합 안에서, 그리고 그분의 십자가의 죽으심을 통해서 말이다. 이전에는 유대교로 개종한 이방인은 성전의 바깥뜰까지만 올 수 있도록 허락되었다. 그러나 바울은 이제는 그들이 "외인도 아니요 나그네도 아니요 오직 성도들과 동일한 시민이요 하나님의 권속"이라고 선언한다(엡 2:19). 한때 있었던 분열은 이제 더는 존재하지 않는다.

존 스토트(John Stott)는 이 본문을 해설하면서 이렇게 설명한다.

이것이 바로 그리스도께서 십자가로 이루신 성취였다. 첫째, 그리스도께서는 율법(즉, 의식과 관련된 규정과 도덕적 정죄)을 폐하셨다. 이 율법은 하나님과 사람들을 분리하고 유대인과 이방인을 나누는 분열의 도구로 역할을 했다. 둘째, 그리스도께서는 이전에는 철저히 분열되었던 두 부류 사이에 평화를 이루시어 새로운 하나의 인류를 만드셨다. 셋째, 그리스도께서는 이렇게 새롭게 연합한 인류를, 십자가를 통해 우리 사이에 존재하는 모든 적개심을 없앰으로써 하나님과 화해시키셨다. 그러므로 십자가에 달리신 그리스도께서는 하나의 새로운, 연합된 인류를 탄생시키셨다. 이 인류는 서로 연합했을 뿐 아니라 또한 그들의 창조주와 연합되었다.[1]

사도 바울은 예수 그리스도를 우리의 평화라고 표현한다. 이는 그분이 사라졌던 평화를 얻어 내셨기 때문이다. 타락으로 인해 이 땅에서의 삶은 적개심, 대립, 침략, 증오, 원수 됨으로 가득하다. 순전한 사랑, 신뢰, 평화란 이 사회에서 쉽게 찾아보기 힘들다. 메시아의 오심을 선언하는 여러 예언은 그분이 우리 인간들에게 평화를 가져다주신다고 강조했다. 예를 들어, 이사야는 이렇게 전한다.

이는 한 아기가 우리에게 났고 한 아들을 우리에게 주신 바 되었는데 그의 어깨에는 정사를 메었고 그의 이름은 기묘자라, 모사라, 전능하신 하나님이라, 영존하시는 아버지라, 평강의 왕이라 할 것임이라(사 9:6).

이미 언급했듯이, 우리에게는 하나님과의 평화라는 약속뿐 아니라 우리 서로에게 이루어지는 평화의 약속도 주어졌다. 이사야 9장 6절 이전에 나오는 구절들이 이에 대해 분명하게 보여 준다. 이사야는 주님이 압제자의 막대기를 꺾으시고 군인들의 신과 피 묻은 겉옷을 불태우신다고 선언한다(사 9:4-5). 이것은 사람들 사이에 있는 적개심의 종식을 가리킨다.

세례 요한이 태어날 때 그의 아버지 사가랴는 메시아가 오셔서 행하실 모든 일에 대해 다음과 같이 예언했다.

이는 우리 하나님의 긍휼로 인함이라 이로써 돋는 해가 위로부터 우리에게 임하여 어둠과 죽음의 그늘에 앉은 자에게 비치고 우리 발을 평강의 길로 인도하시리로다 하니라(눅 1:78-79).

사가랴는 오실 메시아가 자기 백성을 평강의 길로 인도하실 분이라고 말했다. 예수님이 태어나셨을 때 천사들은 이렇게 노래했다.

지극히 높은 곳에서는 하나님께 영광이요 땅에서는 하나님이 기뻐하신 사람들 중에 평화로다(눅 2:14).

여기서 동일하게 반복되는 메시지를 놓칠 수 없을 것이다. 메시아는 이 땅에 평화를 가져오고 계셨다.

사도 바울이 에베소 교회 성도들에게 쓴 내용은 명령이 아닌 선언이라는 점에 주목하자. 이것은 이루어진 일에 대해 묘사하고 있다. 예수님은 "둘로 하나를 만드사 원수 된 것 곧 중간에 막힌 담을 자기 육체로" 헐어 버리셨다(엡 2:14). 이것은 미래에 있을 일을 희망하는 진술이 아니다. 과거에 이미 성취된 사실에 대한 진술이다. 이 세상에 다양하게 무리 지은 이들 사이에 분열이 존재함에도 불구하고 교회는 연합되었다. 그리스도께서는 자신의 죽으심 안에서 우리를 분열시키는 근원을 제거하셨다.

유대인과 이방인의 경우, "법조문으로 된 계명의 율법"이라는 "막힌 담"이 그들을 분열시켰다(엡 2:14-15). 모세오경은 이 율법과 법조문이 무엇이었는지 보여 준다. 바로 여러 의식법 및 시민법이었다. 의식법 중에는 속죄제, 속건제, 화목제, 소제가 있었다. 이들 중 일부는 음식을 드리는 제사나 번제, 요제, 위임식 제사였다. 이스라엘 사람들은 나병 환자의 정결, 속죄일, 안식일, 희년 등에 관한 법도 있었다. 그들에게는 또한 그들 공동체의 삶을 규정하는 법과 다양한 범죄에 관한 형법 체계가 있었다. 이러한 삶의 일부가 되기를 원하는 이방인들은 누구든 이러한 수많은 장애물을 넘어야 했다.

예수님은 그분의 삶과 죽음을 통해 이 모든 율법을 성취하셨다. 바울은 골로새 교회 성도들에게 이렇게 말할 수 있었다. "그러므로 먹고 마시는 것과 절기나 초하루나 안식일을 이유로 누구든지 너희를 비판하지 못하게 하라 이것들은 장래 일의 그림자이나 몸은 그리스도의 것이니라"(골 2:16-17).

예수님이 이런 방식으로 율법을 성취하신 한 가지 이유는, 이 둘로부터 하나의 새로운 사람을 창조하시고 그들 사이에 평화를 이루시기 위해서였다. 이방인이 종교적으로 유대인의 일부가 된다거나 반대로 유대인이 이방인의 일부가 된다는 말이 아니다. 예수님은 '교회'라고 불리는 새로운 몸을 창조하셨고, 모든 이는 하나님께 대한 회개와 주 예수 그리스도께 대한 믿음이라는 동일한 조건으로 이에 참여하게 된다(행 20:20-21). 예수님 외에 당신이 속한 무리가 가진 특별한 무언가를 요구하지 않는다. 오직 예수님만 요구된다. 오직 그리스도(Solus Christus)! 우리는 아우구스투스 토플레디(Augustus Toplady)의 말을 따라 이렇게 고백해야 한다.

내 손에 있는 어떤 것을 가져가는 것이 아니라,
오직 주의 십자가를 붙듭니다.[2]

여기서 사도 바울이 말하는 화해는 우리가 하나님과 화해함으로써만 시작된다는 점을 놓쳐서는 안 된다. 당연하게도 우리는 서로를 향한 적개심에 대해 아주 잘 알고 있다. 그러나 이보다 더 강력한 적개심이 있다. 바로 우리를 향한 하나님의 적개심이다. 이는 우리가 그분께 대적해서 죄를 지었기 때문이다. 성경은 "하나님의 진노가 불의로 진리를 막는 사람들의 모든 경건하지 않음과 불의에 대하여 하늘로부터 나타나나니"(롬 1:18)라고 가르친다. 우리에게 가장 필요한 것은 사람들 사이에서의 평화가 아니다. 하나님과 우리 사이의 평화가 제일 우선이다. 우리에게는 수평적 화해보다 수직적 화해가 훨씬 더 필요하다. 예수님은 십자가에서 바로 이 화해를 이루셨다. 이 화해로부터 사람들 사이에 이루어지는 우리의 화해가 흘러나왔다. 이것이 바로 그분이 이루신 이중의 사명이었다.

예수님은 십자가에서 우리 자리를 대신하시고 우리 죄의 형벌의 값을 완전히 치르셨다. 그분은 우리를 대신해서 하나님의 진노를 당하시고 우리의 채무를 해결하셨다. 우리 죄는 그분께로 전가되었고 그분이 그 값을 감당하셨다. 그분의 의로움은 주님을 믿는 모든 이에게 전가되었다. 이러한 거래는 나무에 달린 그분의 몸을 통해 온전히 성취되었다. 유대인이나 이방인, 노예나 자유인, 배운 사람이나 그렇지 못한 사람을 막론하고 모두가 이 길을 통해 하나님께로 나아가기 때문에 우리는 그분 안에서 하나다. 우리는 서로의 피상적인 차이점들을 잊어버리게 되며, 그리하여 적대감은 사라지게 된다. 피터 제프리(Peter Jeffery)는 이 점에 대해 다음과 같이 생생하게 설명한다.

예수님은 유대인 그리스도인과 이방인 그리스도인이 각각 존재하도록 죽으시지 않았다. 그들 모두가 단순하게 그리스도인이 되도록 죽으셨다. 이제 국적이라는 꼬리표는 완전히 무의미하다. 이와 마찬가지로 우리가 젊은 그리스도인인지 나이 든 그리스도인인지도 무의미하다. 나이라는 장벽은 국적이라는 장벽과 마찬가지로 그리스도 안에서 사라진다. 만약 어떤 사람이 그리스도인이라면, 그는 단지 이론상으로만이 아니라 실제로 나의 형제다.[3]

마침내 사도 바울은 (그리스도께서) "또 오셔서 먼 데 있는 너희에게 평안을 전하시고 가까운 데 있는 자들에게 평안을 전하셨으니 이는 그로 말미암아 우리 둘이 한 성령 안에서 아버지께 나아감을 얻게 하려 하심이라"(엡 2:17-18)라고 주장했다. 여기서 바울의 요점은 그리스도께서 이 연합을 주도하셨다는 것이다. 주님이 십자가 위에서 이를 이루심으로써만이 아니라 이 연합에 참여하도록 우리 모두를 초대하심으로써 그렇게 하신다. 브라이언 채플(Bryan Chapell)은 사도 바울이 전한 이 말씀에 대해 이렇게 해설한다.

> 어떤 면에서, 모든 믿는 자들은 인종 간의 평화와 하나님과의 평화가 언제 오게 되는지 내면 깊이 이해하고 있다. 이 평화는 그리스도의 희생제사로 말미암아 우리가 자신을 하늘에 계신 아버

지의 무릎 위에 있는 자녀로 보게 되고 또한 다른 자녀들도 우리와 함께 그분의 품에 안겨 있는 것을 보게 될 때 이루어진다. 붉은, 노란, 검은, 흰 피부 모두 그분 보시기에 귀하다.[4]

예수님은 멀리 있는 이(이방인)와 가까이 있는 이(유대인) 모두에게 가셔서 우리가 하나님과의 평화 및 서로와의 평화를 누리도록 초대하신다. 예수님을 통해 우리는 이제 모두 같은 방식으로 성부 하나님께 나아가게 되었다. 이는 성령님의 역사로 가능하게 된다. 이에 대해서는 다음 장에서 살펴볼 것이다.

예수님은 우리의 연합을 위해 기도하셨다

예수님은 마치 십자가에서의 이 화해의 사역이 충분하지 않다는 듯이 교회의 연합을 위해 기도하셨고 지금도 계속 기도하신다. 우리가 예수님의 대제사장적 기도라고 명명하는 요한복음 17장의 기도에서 예수님은 성부 하나님께 이렇게 말씀하신다.

> 내가 비옵는 것은 이 사람들만 위함이 아니요 또 그들의 말로 말미암아 나를 믿는 사람들도 위함이니 아버지여, 아버지께서 내 안에, 내가 아버지 안에 있는 것같이 그들도 다 하나가 되어 우리 안에 있게 하사 세상으로 아버지께서 나를 보내신 것을 믿게

하옵소서 내게 주신 영광을 내가 그들에게 주었사오니 이는 우리가 하나가 된 것같이 그들도 하나가 되게 하려 함이니이다 곧 내가 그들 안에 있고 아버지께서 내 안에 계시어 그들로 온전함을 이루어 하나가 되게 하려 함은 아버지께서 나를 보내신 것과 또 나를 사랑하심같이 그들도 사랑하신 것을 세상으로 알게 하려 함이로소이다(요 17:20-23).

이러한 우리 주 예수 그리스도의 대제사장으로서의 기도는 그분의 죽음과 지상 사역의 마침을 전제로 한다. 시간 순서상으로는 죽으시기 전에 이 기도를 하셨지만, 마치 곧 천상으로 올라갈 것처럼 기도하셨다. 자신이 맡으신 사명과 자신을 따르는 이들의 미래를 고려하시면서, 주님은 자신을 위해 기도하셨고(1-5절) 또한 사도들을 위해 기도하셨다(6-19절). 그다음으로 전투하는 교회에 속한 우리 나머지를 위해 기도하셨는데, 여기서 전투하는 교회란 그리스도의 재림 전에 영적 전쟁에 참여하는 교회를 의미한다(20-26절). 주님이 전투하는 교회와 관련하여 기도하신 첫 번째 주제가 교회의 연합이라는 사실은 매우 놀랍다. 그분은 사도들을 위해 기도하실 때 이미 이를 언급하셨다. "나는 세상에 더 있지 아니하오나 그들은 세상에 있사옵고 나는 아버지께로 가옵나니 거룩하신 아버지여 내게 주신 아버지의 이름으로 그들을 보전하사 우리와 같이 그들도 하나가 되게 하옵소서"(11절). 나는 교회의 연합이

1. 그리스도 안에서 연합이 성취되었다 / 41

예수님께 이렇게 높은 우선순위를 차지한다는 사실이 놀랍다고 생각한다!

예수님은 신자들을 위해 항상 중보하신다고 성경이 가르치기에(히 7:25), 우리는 그리스도인의 연합이 항상 이 땅의 교회를 위한 그분의 기도 제목이라고 여길 수 있다. 예수님은 재림, 즉 자신이 역사를 마무리하러 돌아오실 때까지 이렇게 기도를 지속하실 것이다. 이 사실이 주는 또 하나의 위로는 바로 우리 기도는 우리 죄 때문에 항상 효과적이지는 않지만, 예수 그리스도의 기도는 총체적인 효력을 갖는다는 것이다. 그분의 기도는 십자가에서 그분이 이루신 사역에 기초한다. 성부 하나님은 기꺼이 그분의 기도를 들으시고 그분이 구하는 대로 내어주신다.

예수님은 무엇보다 조직적 연합을 위해서가 아니라 유기적인 하나 됨을 위해 기도하신다. 물론 이 유기적 연합은 우리가 그리스도인으로서 그리고 교회로서 실제적으로 함께 협력하는 방식으로 가시적으로 드러나겠지만 말이다. 이 연합은 또한 가족 구성원들이 순전한 사랑 속에서 서로를 향해 친밀함을 가지는 방식으로 이를 드러낸다. 형제자매로서의 사랑이 교회 분위기를 가득 채워야 한다. 진정한 교회의 DNA는 불화와 적개심의 반대가 되어야 한다. 바울이 고린도 교회 성도들에게 말했듯이 "오직 하나님이 몸을 고르게 하여 부족한 지체에게 귀중함을 더하사 몸 가운데서 분쟁이 없고 오직 여러 지체가 서로 같이 돌보게 하셨"다

(고전 12:24-25). 이것이 그리스도께서 기도하셨던 내용이며, 또한 자신의 죽으심과 천상에서의 중보 사역을 통해 이루신 일이다.

이러한 유기적 연합은 성부 하나님과 성자 하나님 사이의 신적 연합을 본떠서 만들어졌으며, 이에 대해 예수님이 대제사장으로서 하신 기도에서 언급하셨다. 세 위격이 하나이면서도 서로 구별되는 삼위의 연합을 생각해 보자. 성부 하나님은 성자 하나님이나 성령 하나님이 아니시지만, 여전히 이 두 위격과 하나이시다. 마찬가지로 성자 하나님도 성부 하나님이나 성령 하나님이 아니시고, 성령 하나님도 성부 하나님이나 성자 하나님이 아니시다. 그러나 삼위일체 하나님의 각 위격은 다른 두 위격과 하나이시다. 세 위격은 하나 안에 셋이시고 셋 안에 하나이시다. 이러한 유기적 연합으로부터 그분들의 조직적 연합이 흘러나온다. 하나님의 세 위격은 창조, 섭리, 구속 사역을 완벽하게 함께 행하신다. 구속 사역의 경우 성부 하나님은 구원할 이들을 택하시고, 성자 하나님은 자기 죽음으로 그들을 구속하신다. 성령 하나님은 그들을 거듭나게 하시고 하나님 나라로 이끄신다. 이 협력 사역은 완전하다.

우리 주 예수 그리스도께서 요한복음 17장에서 하신 기도가 역사 속에서 부분적으로 응답되었으며 우리가 영화에 이를 때 완전히 응답되리라는 것은 분명한 사실이다. 이 부분적인 응답에 대해서는 다음 장에서 성령님이 어떻게 사람 마음 안에서 일하셔서 그리스도께서 이 땅에서 삶과 죽음으로 무엇을 행하셨는지를 깨닫게 하시는지 이야기할 때 살펴볼 것이다. R. C. 스프로울(R. C. Sproul)은 요한복음 17장을 해설하는 자신의 주석에서 이렇게 말한다.

> 이 간구는 매우 실제적인 의미에서 이미 성취되었다고 볼 수 있다. 그리스도인이 된 모든 이는 그리스도 안에 있다. 당신이 그리스도 안에 있고 내가 그리스도 안에 있다면, 우리가 공동으로 누리는 그분과의 연합으로 인해 실제적 연합이 우리 사이에 존재하는 것이다. 이는 모든 진실한 신자에게 참되다. 비록 우리가 몇몇 지점에서 서로 의견이 다르다고 할지라도, 우리를 하나로 묶어 주는 참된 연합이 있다. 그리고 이 연합은 세상에 분명히 드러나야 한다.[5]

예수님은 그분이 간구하신 이 연합이 복음적 영향력을 가지리라고 여기셨다. 이는 개인의 이익을 위해 관계를 파괴하는 이기심 가득한 죄악 된 세상에서 복음의 영향이 드러나기 때문이다. 이 세상은 부부간의 다툼, 가족 간의 불화, 종족 및 인종 사이의 전쟁, 내전, 국제 분쟁으로 가득하다. 사람이 있는 곳 어디에나 갈등이 존재한다. 그러나 예수님은 복음이 인간 사회에 전해지고 교회가 생길 때 이를 바라보는 이들이 놀라게 될 것이라고 말씀하신다. 바로 다양한 배경의 사람들이 진실한 사랑으로 서로를 대하는 모습을 볼 것이기 때문이다. 그들은 교회에 있는 사람들이 서로 다른 종족, 민족, 나라에서 왔음에도 하나로 연합되는 모습을 보게 될 것이다. 또한 이 사람들이 기쁘게 예배하고 하나의 대의를 품고 함께 일하는 모습도 보게 될 것이다. 그리하여 무언가 비범한 일이 일어나고 있음을 인정하게 될 것이며, 그리스도의 외침에 주의를 기울일 수밖에 없게 될 것이다. 교회를 바라보는 사람들이 하나님의 백성 간의 이 연합을 달리 어떻게 설명할 수 있겠는가? 이 사랑은 어디서 오는 것일까?

예수님은 우리에게 연합을 위한 동기를 주신다

인간인 우리는 논리와 증거에 의해 설득되어야 일을 가장 잘하게 된다. 우리는 어떤 행동으로 인한 유익이 희생을 감수할 가치가 있다고 논리적으로 확신하게 되면 기꺼이 희생한다. 그리스도인의 연합에 있어서, 우리는 눈에 보이는 연합을 추구하도록 만드는 몇 가지 동기를 그리스도의 구원 사역으로부터 얻을 수 있다. 이를 통해 이 연합을 실천하기를 갈망하게 될 것이다. 사도 바울은 이에 대해 에베소서에서 이렇게 말한다.

그러므로 주 안에서 갇힌 내가 너희를 권하노니 너희가 부르심을 받은 일에 합당하게 행하여 … 평안의 매는 줄로 성령이 하나 되게 하신 것을 힘써 지키라 몸이 하나요 성령도 한 분이시니 이와 같이 너희가 부르심의 한 소망 안에서 부르심을 받았느니라 주도 한 분이시요 믿음도 하나요 세례도 하나요 하나님도 한 분이시니 곧 만유의 아버지시라 만유 위에 계시고 만유를 통일하시고 만유 가운데 계시도다(엡 4:1-6).

비록 이것이 성령님이 이루시는 일임을 다음 장에서 이야기하겠지만, 이 모든 것이 그리스도에 의해 보장된다는 사실을 안다면 우리는 일상에서 이를 적극적으로 실현할 동기를 얻게 된다. 바울은 그리스도 안에서 우리의 연합을 의식적으로 이루어 갈 수 있게 하는 일곱 가지 신학적 기초를 제시한다. 이에 대해 간략하게 살펴보자.

1. "몸이 하나"다. 즉, 그리스도의 사역으로 인해 하나의 몸이 있는 것이다. 바울은 교회를 그리스도의 몸이라고 표현하기를 선호했다. 구원받게 된 모든 이는 그리스도와 연합하게 되며 또한 이 한 몸 안에서 다른 신자들과도 연합하게 된다. 일부는 이미 천국에 있지만 우리는 여전히 이 한 몸에 속해 있다. 우리는 이 세상에서 서로 다른 지역에 살고 서로에 대해 알지 못하지만 이 한 몸 안에서 함께한다.

2. "성령도 한 분"이시다. 즉, 그리스도의 사역으로 인해 우리는 한 성령님을 갖는다. 우리는 모든 참된 신자 안에 거하시고 일하시는 이 성령님이 어떻게 우리에게 힘을 주시고, 우리 모두를 이 한 몸 안에서 교제하게 하시며, 우리가 주님의 일을 행하면서 우정을 나누도록 하시는지에 대해 보게 될 것이다.

3. 그리스도로 인해 우리는 마지막 부활과 영광스럽게 그분과 영원을 누리게 되는 "한 소망"으로 부르심을 받았다. 그래서 에베소서 앞부분에서 바울은 "그의 부르심의 소망"과 "성도 안에서 그 기업의 영광의 풍성함"에 대해 이야기했다(엡 1:18).

4. "주도 한 분"이시다. 우리는 모든 복음 사역을 행할 때 예수님을 섬긴다. 예수님은 자신의 피로 우리를 사신 분이시다. 우리는 그분의 소유다. 예수님은 이제 높임을 받으셨고 우리에게 지상 명령을 주셨다. 예수님은 그분을 위한 우리의 거룩한 수고를 보상하시기 위해 다시 오실 것이다.

5. "믿음도 하나요"라는 말씀대로 주님은 우리를 한 믿음으로 부르셨다. 이는 복음이 중심이 되는 교리들을 가리키며 우리의 모든 행동을 규정한다. 예수님이 하늘로 올라가시기 전 "내가 너희에게 분부한 모든 것을 가르쳐 지키게 하라"라고 사도들에게

말씀하셨듯이(마 28:20), 제자가 되는 이들은 그리스도께서 분부하신 모든 것을 배워야 한다.

6. 우리는 모두 주 예수 그리스도의 이름으로 세례를 받는다. 이는 한편으로는 우리가 그리스도께 접붙여질 때 경험하는 세례를 가리킨다. 또한 다른 한편으로는 우리가 어디에 있든 어떤 사회적 지위에 있든 상관없이 그분과 하나가 된다는 사실을 공개적으로 보여 주는 물세례도 가리킨다.

7. 마지막으로, 예수님은 우리를 "만유의 아버지"이시자 "만유 위에 계시고 만유를 통일하시고 만유 가운데 계시"는 한 분 하나님을 예배하도록 하셨다. 이는 우리의 존재 목적이다. 이는 우리가 구원받게 된 이유 그 자체다. 우리는 모든 민족, 모든 언어, 모든 나라로부터 이 하나님께로 나아온다.

주 예수 그리스도의 인격과 사역을 통해 우리를 위해 보장된 이 일곱 가지 진리를 묵상해 보라. 그러면 우리가 그분을 위해 함께 힘써 일해야 한다는 당연한 결론에 도달할 것이다. 지성과 이성을 가진 피조물로서 우리는 위대하신 우리 하나님의 영광과 우리 구원자 예수 그리스도를 위해 함께 일할 수밖에 없도록 이끄는 이 논리적 귀결에 이르러야 한다.

결론

우리가 그리스도와 그분이 십자가 위에서 우리를 위해 행하신 일만을 바라본다면, 역사 속에서 현재까지 교회를 괴롭혀 온 분열의 원인이 줄어들 것이다. 이것이 바로 바울이 고린도 교회 성도들에게 무리 지어 불화를 일으킨 일에 대해 도전했을 때 마음에 품은 것이다. 그는 "내가 이것을 말하거니와 너희가 각각 이르되 나는 바울에게, 나는 아볼로에게, 나는 게바에게, 나는 그리스도에게 속한 자라 한다는 것이니 그리스도께서 어찌 나뉘었느냐 바울이 너희를 위하여 십자가에 못 박혔으며 바울의 이름으로 너희가 세례를 받았느냐"(고전 1:12-13)라고 되물었다. 바울은 그들이 자신의 질문에 대해 그렇지 않노라고 답하길 기대했다. 왜냐하면 오직 그리스도께서 그들을 위해 십자가에 달리셨으며 그들은 모두 그리스도의 이름으로 세례를 받았기 때문이다. 이에 비춰 볼 때, 그들이 당파를 지어 초래한 분열은 매우 우스꽝스러운 것이었다. 고린도 교회 성도들은 그리스도께, 오직 그리스도께만 집중해야 했다. 그분은 교회의 유일한 기초이시다.

바로 이것이 우리가 다음과 같이 노래하는 이유다.

교회의 참된 기초는
예수 그리스도, 교회의 주님이시다;
교회는 그분의 산 피조물,

물과 말씀으로 지음 받았네.
하늘에서 그분이 오시어 교회를 찾으셨고
그의 거룩한 신부가 되게 하시니;
자기 피로 교회를 사셨고,
교회의 생명을 위해 그분 죽으셨네.

모든 민족에서 선택되었지만
온 땅 위에 하나이며,
교회의 구원의 헌장은:
한 주님, 한 믿음, 하나의 탄생이라.
하나의 거룩한 이름을 교회가 찬양하고,
하나의 거룩한 양식을 나누며,
한 소망을 향해 전진하니,
모든 은혜로 옷 입었도다.[6]

chapter 2

성령님이 연합을
적용하신다

성부 하나님은 성자 하나님의 위격과 사역을 통해서만이 아니라 성령 하나님의 위격과 사역을 통해서도 우리의 연합이 이루어지도록 하셨다. 성자 하나님이 이 연합을 확보하셨다면, 성령 하나님은 이를 서로 연결된 각각의 그리스도인들과 지역 교회에 적용하신다. 하나님이 성자 하나님과 성령 하나님을 통해 이를 어떻게 행하시는지 알게 될 때만 우리는 그리스도인의 연합을 이해하고 실천할 단단한 토대를 얻게 된다. 이전 장에서는 하나님이 어떻게 우리 주 예수 그리스도의 인격과 사역을 통해 우리의 연합을 성취하셨는지를 이야기했다. 이제 하나님이 어떻게 그리스도의 사역을 우리에게 적용하셔서 우리가 성부 하나님의 영광을 위해 이 연합을 분명하게 나타낼 수 있게 하시는지 살펴보자.

에베소서에서 사도 바울은 "그러므로 주 안에서 갇힌 내가 너희를 권하노니 너희가 부르심을 받은 일에 합당하게 행하여 … 평안의 매는 줄로 성령이 하나 되게 하신 것을 힘써 지키라"라고 권면한다(엡 4:1, 3). 이미 살펴봤듯이 바울은 에베소 교회 성도들에게 연합을 얻어 내라고 말하지 않고 지켜 내라고 권한다. 이는 성령님이 이미 개개인의 신자들 사이에서 그리고 지역 교회 사이에서 이 연합을 세우셨기 때문이다. 어떻게 그분이 이를 이루셨는가? 이 장에서 이 질문을 탐구하려 한다. 기본적으로 성령님은 예수 그리스도께서 우리를 위해 하신 일을 가져다가 우리 마음에 적용하신다. 1804년 한 사역자가 동료 사역자들에게 다음과 같이 선언했던 것처럼 말이다. "그리스도인의 연합은 한마음을 갖는 일에 달렸다. 동일한 성령님께 의해 새롭게 되고, 인도받고, 성화된 마음 말이다. 획일성(uniformity)은 필요 없다."[1]

성령님은 우리를 그리스도의 몸에 연합시키신다

성령님은 구원을 위해 우리를 그리스도께로 이끌어 가실 때 많은 일을 하신다. 우리를 거듭나게 하시고 회개와 믿음으로 그리스도께 나아갈 수 있게 해 주시는 일이 그중 하나다. 다른 하나로, 성령님은 멀어 버린 우리의 영적 눈을 열어 주셔서 복음을 깨

닿게 하신다. 그러나 내가 구원이라는 꽃에서 집중하고 싶은 꽃잎 하나가 있다. 바로 성령님이 우리가 회심할 때 우리를 그리스도와 그분의 몸에 연합시키시고 그리하여 우리의 연합을 보증하신 그 방식이다. 사도 바울은 로마서에서 이에 더해 이렇게 말한다. "우리가 한 몸에 많은 지체를 가졌으나 모든 지체가 같은 기능을 가진 것이 아니니 이와 같이 우리 많은 사람이 그리스도 안에서 한 몸이 되어 서로 지체가 되었느니라"(롬 12:4-5). 여기서 바울이 자기 자신을 로마 교회 성도들과 함께 취급했다는 점을 주목해야 한다. 이는 지역에 제한받지 않는 보편적인 몸을 말하는 것이기 때문이다. 바울은 고린도 교회 성도들에게도 동일한 이야기를 다음과 같이 한다.

> 몸은 하나인데 많은 지체가 있고 몸의 지체가 많으나 한 몸임과 같이 그리스도도 그러하니라 우리가 유대인이나 헬라인이나 종이나 자유인이나 다 한 성령으로 세례를 받아 한 몸이 되었고 또 다 한 성령을 마시게 하셨느니라(고전 12:12-13).

고린도 교회는 수많은 인위적 장벽으로 인해 분열되어 있었다. 고린도 교회 성도들은 그들의 지도자를 두고 누가 으뜸이냐는 문제로 싸우고 있었다. 또한 이방인과 유대인들이 각각의 양심으로 인해 교회에서 무엇을 준수해야 하는지를 두고 다투고 있었다. 그들은 어떤 영적 은사가 으뜸이며 어떤 은사를 예배 때 가장 중요하게 여겨야 하는지를 두고도 분쟁하고 있었다. 특히 방언의 은사를 가진 이들과 예언의 은사를 가진 이들 사이에 갈등이 있었다. 그렇기에 고린도전서 12장에서 사도 바울은 이 은사들이 모두의 유익을 위해 동일한 성령님에 의해 주어졌다고 주장함으로써 이 분열이 얼마나 터무니없는 일인지를 이야기한다. 이 은사들은 연합을 위해 주어졌지, 분열하도록 주어지지 않았다! 바울은 이렇게 말한다.

> 은사는 여러 가지나 성령은 같고 … 각 사람에게 성령을 나타내심은 유익하게 하려 하심이라 어떤 사람에게는 성령으로 말미암아 지혜의 말씀을, 어떤 사람에게는 같은 성령을 따라 지식의 말씀을, … 이 모든 일은 같은 한 성령이 행하사 그의 뜻대로 각 사람에게 나누어 주시는 것이니라(고전 12:4, 7-8, 11).

성령님은 어떻게 이를 이루시는가? 성령님은 사람들에게 그리스도의 몸에 참여하도록 세례를 베푸셔서 그들이 그리스도 안에서 연합하게 하신다. 그리하여 성령님은 그들에게 은사를 주시어 그 몸 안에서 서로에게 사역을 행하게 하신다. 이 첫 부분, 그리스도께 참여하게 하는 세례와 어떻게 이 세례가 연합과 연관되는지가 바로 내가 관심을 두는 주제다.

사도 바울은 인간의 몸이 손, 발, 눈, 귀 등을 가졌지만 하나의 몸인 것처럼 그리스도의 몸도 마찬가지라고 설명한다. 우리는 서로 많이 다르고 서로 다른 은사를 가지고 있으나 모두 이 한 몸 안에 있다. 우리가 어떻게 인간의 몸처럼 하나일 수 있는가? 바울은 "우리가 유대인이나 헬라인이나 종이나 자유인이나 다 한 성령으로 세례를 받아 한 몸이 되었"기 때문이라고 말한다(고전 12:13). 우리가 회심할 때 성령님은 우리를 그리스도 안으로 잠기게 하여 우리 모두 그분과 연합되게 하신다. 그리스도는 우리의 머리이시며 우리는 (집합적으로) 그분의 몸이다. 이것은 물리적이라기보다는 영적인 연합이다.

성령님은 우리 안에 거하신다

더 나아가 사도 바울은 성령님이 우리에게 그리스도의 몸에 접붙여지도록 세례를 베푸실 뿐 아니라 우리의 회심의 때부터 우리 안에 거하신다고 이야기한다. 바울이 고린도전서에 기록한 말씀을 빌려 표현하자면, 하나님은 우리가 "다 한 성령을 마시게 하셨"다(고전 12:13). 이것은 물질적으로 마시는 것이 아니다. 성령님이 오셔서 우리 안에 처소를 취하심으로 모든 그리스도인이 마땅히 "성령의 전"(고전 6:19)이라고 불리게 됨을 가리킨다. 이렇게 성령님은 우리를 내면부터 바깥까지 사용하시어 자기 뜻을 수행하실 수 있다. 이는 예수님이 새 언약이라는 선물의 일부로서 제자들에게 약속하신 것이다. 예수님은 십자가로 향하시기 전에 다락방에서 제자들에게 이렇게 말씀하셨다.

내가 아버지께 구하겠으니 그가 또 다른 보혜사를 너희에게 주사 영원토록 너희와 함께 있게 하리니 그는 진리의 영이라 세상은 능히 그를 받지 못하나니 이는 그를 보지도 못하고 알지도 못함이라 그러나 너희는 그를 아나니 그는 너희와 함께 거하심이요 또 너희 속에 계시겠음이라(요 14:16-17).

성령님이 우리 안에 거하심으로써 행하시는 일은, 신자들인 우리가 서로 간에 연합을 경험하게 되는 결과를 낳는다. 이 결과가 무엇인지 더 살펴보자.

성령님은 기독교 진리를 알도록 우리 눈을 뜨게 하신다
성령님은 우리 눈을 뜨게 하셔서 기독교 진리를 인식하게 하시고 거부할 수 없는 세계관을 갖도록 하신다. 사도 바울은 고린도교회 성도들에게 그들의 지도자들과 설교자들을 대하는 태도에 있어서 왜 그들이 주변 문화와 달라야 하는지를 설명할 때 이를 언급했다. 그는 "우리가 세상의 영을 받지 아니하고 오직 하나님으로부터 온 영을 받았으니 이는 우리로 하여금 하나님께서 우리에게 은혜로 주신 것들을 알게 하려 하심이라"(고전 2:12)라고 말했다. 창세기부터 요한계시록까지 성경이 가르치는 이 진리들은 우리에게 진정한 실재가 된다. 우리는 이 진리들을 이해하고 알아가는 데서 계속 자라 간다. 이는 선지자들과 사도들에게 성경의 여러 책을 저술하도록 영감을 불어넣으신 바로 그 동일한 성령님이 지금 우리 안에 거하시기 때문이다. 우리는 목회자들과 하나님의 말씀을 가르치는 다른 교사들로부터 유익을 얻는다. 그러나 그들은 우리와 하나님 말씀 사이의 중개자들이 아니다. 우리는 우리 마음에 거하시는 성령님 덕분에 성경을 읽고 우리 스스로 대부분의 내용을 이해할 수 있다.

성경의 진리를 이해하는 데 이러한 하나 됨은 그리스도인의 연합의 토대가 된다. 우리가 성경의 모든 세세한 부분에 대해 의견이 일치할 수는 없겠지만, 참된 그리스도인들은 성경의 핵심 진리를 이해하는 데 하나 됨을 이룬다. 이는 복음에 대한 이해에 있어 특히 더 그러한데, 이것이 우리 구원의 진정한 기초이기 때문이다. 우리는 죄로 인해 지옥에 떨어져 마땅한 죄인으로 태어났다. 이 사실에 대해서 우리 모두 동의한다. 우리는 오직 하나의 구원자가 계시며 그분이 바로 삼위 하나님의 제2위격이신 주 예수 그리스도시라는 사실에 동의한다. 우리는 모두 그분이 자신의 생명과 죽으심과 죽음에서의 부활로 말미암아 우리를 구원하신다는 사실에 동의한다. 우리는 모두 우리가 하나님께 용서를 얻도록 그리스도께서 완성하신 사역에 어떤 것도 더할 수 없으며 이것이 다 은혜라는 사실에 동의한다. 우리는 회개와 믿음 가운데 그리스도께 나아가며, 그분은 우리를 자신의 의로 옷 입히신다. 이를 기초로 하나님은 우리를 용서하신다. 오직 이를 토대로 그분은 우리를 영광 가운데 받아들여 주실 것이다.

구원의 방식에 대한 이러한 이해는 창세기부터 요한계시록까지 성경이 직접적으로 그리고 간접적으로 가르친다. 내주하시는 성령님에 의해 열린 영적 시야로 우리는 이를 인지하고 그 안에서 기뻐할 수 있다. 우리는 동일한 성령님의 내주하심으로 이 진리들을 기뻐하는 다른 이들을 발견한다. 그리고 이것이 우리 마음을 그들과 연합시킨다.

성령님은 우리에게 다른 신자들에 대한 사랑을 주신다

우리 안에 거하시는 성령님은 다른 신자들을 만날 때마다 우리에게 그들을 향한 사랑을 주신다. 갈라디아 교회 성도들에게 편지를 쓰면서 사도 바울은 성령의 열매에 관해 이야기했다(갈 5:22). 이 중 가장 첫 열매는 사랑이다. 만약 성령님이 당신 안에 거하신다면, 그분은 당신을 사랑하는 이로 만드실 것이다. 그분은 당신을 내면에서부터 다른 이들을 돌보도록 힘을 주실 것이다. 이를 잘 드러내는 것 중 하나가 바로 동료 그리스도인들을 향한 사랑이다. 성경은 이를 형제 사랑(필라델피아, *philadelphia*)이라고 부른다.

이는 부모와 자녀들이 가족이 아닌 사람들보다는 서로를 더 깊이 돌보는 것과 같은, 자연적 가족 안에서 누리는 사랑이다.

이 사랑은 우리가 서로를 받아들이게 한다. 우리 서로가 다르고 단점이 있음에도 말이다. 바로 이것이 사도 바울이 염두에 둔 내용이다. 그는 "그러므로 주 안에서 갇힌 내가 너희를 권하노니 너희가 부르심을 받은 일에 합당하게 행하여 모든 겸손과 온유로 하고 오래 참음으로 사랑 가운데서 서로 용납하고"(엡 4:1-2)라고 권면한다. 그리스도인으로서 우리는 교리와 실천에 있어 우리의 무감각한 마음과 실수로 인해 종종 서로를 괴롭게 만들 수 있다. 우리 마음속에 품은 서로를 향한 사랑은 이러한 서로의 잘못을 인내하고 함께 연합을 유지하게 해 준다. 바울이 골로새 교회 성도들에게 다음과 같이 말하는 것은 놀랄 일이 아니다.

> 그러므로 너희는 하나님이 택하사 거룩하고 사랑받는 자처럼 긍휼과 자비와 겸손과 온유와 오래 참음을 옷 입고 누가 누구에게 불만이 있거든 서로 용납하여 피차 용서하되 주께서 너희를 용서하신 것같이 너희도 그리하고 이 모든 것 위에 사랑을 더하라 이는 온전하게 매는 띠니라(골 3:12-14).

성령님은 우리를 더욱 경건해지게 하신다

성령님이 우리 마음에 거하실 때 그분은 성화의 작업을 시작하신다. 우리는 이 단어를 일상생활에서 자주 말하지는 않는다. 성령님은 우리 주 예수 그리스도를 닮도록 우리를 더 거룩하고 경건하게 하신다. 비록 죄가 가진 힘과 우리에 대한 지배는 회심의 순간 부서졌지만, 죄는 여전히 우리 삶에서 현존하여 우리 마음으로부터 악을 행하도록 유혹한다. 성령님은 우리가 이 죄에 대해 죽고 하나님께 대해서는 살도록 하신다. 이것은 평생 이루어지는 일이다. 이 땅에서 이를 완성할 수는 없다. 육신의 악행을 적극적으로 억제하고 소멸시키는 일은 우리의 책임이지만, 내주하시는 성령님이 우리가 이를 점점 더 행할 수 있게 해 주신다. 우리는 이에 대해 하나님께 늘 감사해야 한다. 성령님의 도우심이 없다면 우리에게는 비참한 실패만이 기다릴 뿐이기 때문이다. 이것이 바로 사도 바울이 빌립보 교회 성도들에게 다음과 같이 말한 이유다. "그러므로 나의 사랑하는 자들아 … 두렵고 떨림으로 너희 구원을 이루라 너희 안에서 행하시는 이는 하나님이시니 자기의 기쁘신 뜻을 위하여 너희에게 소원을 두고 행하게 하시나니"(빌 2:12-13). 그렇다. 성령님이 우리 안에서 일하시기 때문에 우리는 거룩함에 있어 진보와 승리를 보장받을 수 있다.

그리스도인의 연합을 적대하고 막는 죄는 이기심과 교만에서 비롯된다. 야고보는 이렇게 말했다. "너희 중에 싸움이 어디로부터 다툼이 어디로부터 나느냐 너희 지체 중에서 싸우는 정욕으로부터 나는 것이 아니냐 너희는 욕심을 내어도 얻지 못하여 살인하며 시기하여도 능히 취하지 못하므로 다투고 싸우는도다"(약 4:1-2). 이것이 믿지 않는 이들의 세상에서 참된 연합이 불가능한 이유다. 죄는 우리를 이기적이고 교만하게 만들기에, 우리는 다른 이들의 이익을 먼저 생각하지 못한다. 성화에는 이러한 죄의 원천을 없애고 진정으로 경건한 연합을 촉진하는 환경을 조성하는 과정이 포함된다. 바울은 이 사실을 염두에 두고 다음과 같이 말했다.

> 하나님의 성령을 근심하게 하지 말라 그 안에서 너희가 구원의 날까지 인치심을 받았느니라 너희는 모든 악독과 노함과 분냄과 떠드는 것과 비방하는 것을 모든 악의와 함께 버리고 서로 친절하게 하며 불쌍히 여기며 서로 용서하기를 하나님이 그리스도 안에서 너희를 용서하심과 같이 하라(엡 4:30-32).

우리가 속한 지역 교회의 범주를 넘어서는 연합에 있어서 이는 매우 중요하다. 성령님이 이기심과 교만에 의해 빚어진 경쟁심을 없애도록 도우시기 때문에 우리는 복음을 위한 여러 가지 일에 함께 참여할 수 있다. 우리에게는 아브라함이 보여 준 겸손함이 필요하다. 그는 조카 롯에게 이렇게 말했다.

> 우리는 한 친족이라 나 너나 내 목자나 네 목자나 서로 다투게

하지 말자 네 앞에 온 땅이 있지 아니하냐 나를 떠나가라 네가 좌하면 나는 우하고 네가 우하면 나는 좌하리라(창 13:8-9).

우리는 형제자매다. 왜 우리가 다투어야 하는가?

성령님은 상호 의존적인 은사들을 주신다

성령님은 우리에게 은사를 나눠 주신다. 이를 통해 우리는 함께 일하여 그리스도의 몸에 영양분을 공급하고 세상을 향해 나아갈 수 있다. 우리는 고린도전서 12장에서 사도 바울이 한 분 동일한 성령님이 영적 은사들을 교회에 선물로 주셨다는 사실을 어떻게 가르쳤는지 살펴봤다. 그는 이 은사들이 모두에게 "유익하게 하려"고 주어졌다고 말했다(7절). 은사를 받은 개개인들에 의해 그리스도의 몸 전체가 유익을 얻도록 의도되었다. 이것이 바로 은사를 수여하신 목적이다. 고린도전서 12장 후반부에서 바울은 성령님이 주신 은사의 상호 의존성에 관해 이야기한다. 여기서도 그는 몸의 비유를 사용한다.

몸은 한 지체뿐만 아니요 여럿이니 … 또 귀가 이르되 나는 눈이 아니니 몸에 붙지 아니하였다 할지라도 이로써 몸에 붙지 아니한 것이 아니니 만일 온몸이 눈이면 듣는 곳은 어디며 온몸이 듣는 곳이면 냄새 맡는 곳은 어디냐 그러나 이제 하나님이 그 원하시는 대로 지체를 각각 몸에 두셨으니 만일 다 한 지체뿐이면 몸은 어디냐 이제 지체는 많으나 몸은 하나라(고전 12:14, 16-20).

사도 바울의 요점은 이렇다. 성령님은 이런 방식으로 자신의 교회에 은사를 주셔서 서로서로 의존하게 하신다. 어떤 그리스도인도 지상 사역을 수행하는 데 필요한 모든 은사를 전부 갖고 있지 않다. 또한 어떤 하나의 개별 교회도 이를 위한 모든 은사를 다 가질 수 없다. 우리는 모두 서로를 필요로 한다. 성령님은 지역 교회와 이 지구상의 교회에 은사를 나눠 주시는 방식을 통해서 이를 확증하신다. 심지어 이것은 사도들에게도 해당하는 일이었음이 명백하다. 바울은 이렇게 증거한다.

도리어 그들은 내가 무할례자에게 복음 전함을 맡은 것이 베드로가 할례자에게 맡음과 같은 것을 보았고 … 또 기둥같이 여기는 야고보와 게바와 요한도 내게 주신 은혜를 알므로 나와 바나바에게 친교의 악수를 하였으니 우리는 이방인에게로, 그들은 할례자에게로 가게 하려 함이라(갈 2:7, 9).

성령님이 은사를 다르게 주신 것을 인식하고 이들은 사역을 분담했다. 그래서 그들의 사역 전체를 더 효과적으로 행할 수 있었다. 세상을 향해 사역하길 원한다면, 오늘날 우리도 이 사실을 직

시해야 한다. 하나의 교회나 하나의 나라가 온 세상을 향한 복음 사역을 감당할 수는 없다. 우리는 함께 일해야 한다.

커티스 C. 토마스(Curtis C. Thomas)는 자기 자신을 고립시키는 목회자나 교회를 향해 이렇게 경고한다.

> 이 고립은 틀림없이 그 특정 지역에서의 복음의 성장을 가로막을 것이다. 이것은 그리스도의 몸의 연합을 모호하게 한다. 또한 그리스도인들이 한마음이 아니라고 선언하는 일이 되어 버린다. 그리스도 안에서의 다른 형제자매들과 교제하지 않고 그들에게 배우지도 않는다면 그 목회자와 회중의 영적 성장은 저해된다.[2]

성령님은 복음 사역을 하도록 우리에게 힘을 주신다

성령님은 우리에게 은사를 주셔서 그리스도의 몸의 지체로서 맡겨진 각자의 역할을 할 수 있게 하실 뿐 아니라 우리에게 힘을 주셔서 이 역할을 전심으로 할 수밖에 없게 해 주신다. 이것은 하나님의 교회에 동력을 불어넣는 엔진이라고 할 수 있다. 우리 주 예수님은 오순절에 성령님이 강림하셔서 베푸실 효력에 대해 이렇게 단언하셨다. "오직 성령이 너희에게 임하시면 너희가 권능을 받고 예루살렘과 온 유대와 사마리아와 땅끝까지 이르러 내 증인이 되리라 하시니라"(행 1:8). 성령님의 강림 목적은 힘을 주시는 것이었다. 우리는 오순절 때 베드로가 어떤 영향을 받았는지 보았다. 그는 담대한 설교자가 되었다. 마찬가지로, 성령님은 비범한 방식으로 빌립을 에디오피아 여왕의 내시에게 보내시고(행 8:29) 베드로는 고넬료의 집으로 보내셔서(행 10:19) 복음을 전하게 하셨다. 또한 성령님은 바나바와 바울이 교회 개척 사역을 지속하도록 따로 세우라고 안디옥 교회에 말씀하셨다(행 13:2). 지금 우리가 귀에 들리는 음성으로 이런 지도를 받지는 않지만, 우리는 성령님이 마음에 감동을 주셔서 복음 사역을 위해 하나님이 원하시는 일이 무엇인지 인식하게 해 주신다고 증거할 수 있다.

복음 사역을 위해 성령님이 힘을 주시는 방법 하나는 이렇다. 성령님은 우리를 구원과 성화를 베푸시는 그분의 은혜에 대한 직접적인 증인으로 만들어 주신다. 우리 마음에 그분이 함께하심으로써 우리는 우리가 하나님의 자녀임을 알게 된다. 그래서 바울은 로마서에서 이렇게 말한다.

너희는 다시 무서워하는 종의 영을 받지 아니하고 양자의 영을 받았으므로 우리가 아빠 아버지라고 부르짖느니라 성령이 친히 우리의 영과 더불어 우리가 하나님의 자녀인 것을 증언하시나니 자녀이면 또한 상속자 곧 하나님의 상속자요 그리스도와 함께한 상속자니 우리가 그와 함께 영광을 받기 위하여 고난도 함께 받아야 할 것이니라(롬 8:15-17).

이것은 영광스러운 현실이다. 하나님은 단순히 우리 스스로가 하나님의 자녀임을 논리적으로 추론하도록 우리를 내버려두지 않으셨다. 우리가 하나님의 자녀라는 사실을 확신하게 만드는 따스한 실재가 우리 안에 있다.

이 증언은 우리가 필요로 할 때, 특히 우리가 고난을 겪을 때 특별히 강력하다. 하나님은 특별한 방식으로 우리를 그분 가까이 끌어안으신다. 어두운 구름이 우리 머리 위를 뒤덮을 때, 우리는 평소에는 경험하지 못하는 하나님의 사랑을 경험한다. 이렇게 힘을 불어넣는 사랑은 우리 마음에 거하시는 성령님을 통해 우리에게 전달된다. 사도 바울은 로마서 초반부에서 바로 이 점을 언급했다.

> 다만 이뿐 아니라 우리가 환난 중에도 즐거워하나니 이는 환난은 인내를, 인내는 연단을, 연단은 소망을 이루는 줄 앎이로다 소망이 우리를 부끄럽게 하지 아니함은 우리에게 주신 성령으로 말미암아 하나님의 사랑이 우리 마음에 부은 바 됨이니(롬 5:3-5).

고난 중에서도 우리를 향한 하나님의 사랑을 느끼기 때문에 기뻐할 수 있게 하는 이 능력이 우리에게 주어졌다. 그리고 이 능력은 하나님의 구원하시는 은혜에 대한 복된 소식을 우리 혼자만 간직할 수는 없도록 만든다. 우리는 이 복음을 우리 주변 세상에 나누기를 원한다. 이 세상은 전능하신 하나님의 진노 아래 비참한 상태에 빠져 있다. 이 일은 혼자 할 수 없다. 그래서 우리는 다른 신자들과 힘을 모아 함께 예수님의 구원을 세상에 전한다.

결론

우리는 우리 삶 가운데 성령님이 하시는 일에 대해 하나님께 감사해야 한다. 예수님이 다락방에서 제자들에게 말씀하셨듯이, 성령님은 예수님이 이루신 일들이 우리에게 실재가 되도록 해 주신다(요 16:14-15). 이것은 바로 성령님이 교회가 연합을 경험할 수 있게 하신 일을 말한다. 예수님이 우리의 연합을 확보하셨고 성령님은 그것을 여러 가지 방식으로 우리에게 적용하고 계신다. 우리는 성령님이 우리를 그리스도의 한 몸으로 세례를 주심으로써, 그리고 하나님의 자녀들 모두 안에 내주하심으로써 이를 이루셨음을 보았다. 또한 성령님은 우리 안에 내주하심으로써 우리에게 공통된 경험과 소망을 갖도록 축복하셨다. 이에 따라 우리는 서로 함께하고 하나님 이름의 영광을 위해 같이 섬기기를 원하게 된다.

그렇기에 사도 바울의 유명한 축도가 "성령의 교통하심이 너희 무리와 함께 있을지어다"(고후 13:13)로 마무리된다는 사실은 전혀 놀라운 일이 아니다. 이 교통하심, 즉 교제는 우리를 하나로 두어

준다. 그래서 바울은 빌립보서에서 이렇게 말한다.

> 그러므로 그리스도 안에 무슨 권면이나 사랑의 무슨 위로나 성령의 무슨 교제나 긍휼이나 자비가 있거든 마음을 같이하여 같은 사랑을 가지고 뜻을 합하며 한마음을 품어(빌 2:1-2).

마틴 로이드 존스(Martyn Lloyd-Jones)는 이 진리를 다음과 같이 간결하게 요약한다.

> 그리스도인의 연합은 피할 수 없다. 이는 각자와 모두에게 참된 것이 있기 때문이다. 때때로 나는 이것이 가장 중요한 원칙이라고 생각한다. 연합에 대한 이 모든 대화 속에서 우리는 가장 중요한 사실을 잊고 있는 것 같다. 그것은 바로 연합을 사람이 이루거나 결정하는 것이 아니라는 점이다. 그리스도인 사이의 진정한 연합은 피할 수 없는 것이다. 이는 인간의 창조물이 아니다. 우리가 분명히 보았듯 이는 성령님 자신의 창조물이다. 이 순간에도 참된 그리스도인들 사이에 이러한 연합이 존재한다고 나는 주장한다. 그들에게 어떤 꼬리표가 붙어 있든 상관없다. 이 연합은 불가피하다. 그들은 이를 피할 수 없다. 이는 모든 개별 그리스도인에게 참되게 된 것 때문이다.[3]

Unity

Part 2

그리스도인의 연합에 대한 명령

3. 신자들은 열정적으로 연합을 지켜야 한다
4. 복음 사역 속에서 연합이 증거된다

chapter 3

신자들은 열정적으로 연합을 지켜야 한다

　빌립보서 1장 27절에서 사도 바울은 그가 듣기 원하는 것에 관해 이야기한다. 바로 빌립보 교회 신자들이 "한마음으로 서서" 연합하는 것이었다. 이 책 1장과 2장에서 우리는 왜 이것이 무리한 갈망이 아닌지 살펴봤다. 예수 그리스도께서 이러한 연합을 확보하셨고 성령님이 이를 하나님 백성의 마음에 적용하신다. 그들에게 연합을 이루어 내라고 요구하시지 않는다. 그들은 이미 연합되어 있다. 그들이 요구받는 것은 그리스도 안에서 그들의 소유로 주어진 이 연합을 유지하라는 것이다. 이것은 지역 교회 안에서만이 아니라 그 이상의 범위에서도 우리에게 해당하는 내용이다. 순전한 신자들은 그리스도 안에서 한 몸이며, 오직 시간과 공간에 의해 나뉘어 있을 뿐이다. 지리적으로 가까워서 거리 문제가 없거나 기술의 발달로 멀더라도 쉽게 서로 교제할 수 있는 상황이라면, 우리는 "한마음으로 서서" 연합해야 한다. 이 연합을 열정적으로 지키는 것이 우리의 책무다.

복음적 연합에 받아들여서는 안 되는 이들

이 말은 자신을 그리스도인이라고 말하는 그 누구든지, 자신들을 교회로 지칭하는 어떤 무리든지 받아들여야 한다고 제안하는 에큐메니즘(ecumenism)을 주의해야 한다는 의미도 포함한다. 잘못된 견해이기 때문이다. 그리스도께서 그리스도인의 연합을 확보하셨고 성령님이 이를 적용하신다는 사실은, 오직 순전한 회개와 믿음으로 복음에 반응한 참된 그리스도인들만이 이 연합으로 받아들여져야 함을 의미한다. 즉, 복음이 이 연합의 경계선이 되어야 한다는 말이다. 복음에 대한 이해가 심각하게 결여된 곳에서 우리는 양심상 연합을 추구할 수가 없다. 이것은 기독교 신앙을 아예 부인하는 행위다. 몇몇 교회는 "사탄의 회당"이다(계 3:9). 우리는 그들과 손잡아서는 안 된다. 그들은 동역자가 아니라 선교 대상에 가깝다.

마틴 로이드 존스는 이 주제에 대해 설득력 있게 웅변한다.

우리는 단지 사랑스럽게 말하거나 단순히 친절하고 좋은 사람이 되려는 것이 아니다. 우리는 사랑 안에서 **진리**를 말해야 한다. 진리가 항상 먼저 와야 한다. 그렇기에 그리스도의 신성을 부인하는 사람과 연합을 논하는 것은 불가능하다. 그가 자신을 그리스도인이라고 부르더라도 나는 그 사람과 동의하는 내용이 전혀 없다. 그가 동정녀에게서 나시고, 기적을 행하시고, 대속의 죽음을 맞으시고, 문자 그대로 육신을 가지고 무덤에서 다시 일어나신 유일하신 주님을 인정하지 않는다면, 나는 그와 교회의 연합에 대해 논할 수가 없다. 연합을 논할 어떠한 토대도 존재하지 않는다.[1]

우리는 또한 죄 가운데 살아가고 교회의 훈육을 거절하는 사람들과 조화와 일치를 이루라는 압박을 경계해야 한다. 우리 하나님은 거룩하신 하나님이시다. 거룩함은 기독교 신앙에서 협상의 대상이 아니다. A. W. 토저(A. W. Tozer)는 『하나님을 바로 알자: 하나님의 거룩하심에 대한 재발견』(The Knowledge of the Holy)에서 이렇게 경고했다.

하나님은 거룩하시며, 그분은 거룩함을 자기 세계의 건강에 필수적인 도덕 조건으로 삼으셨다. 일시적으로 이 세상에 죄가 존재하는 것은 다만 이를 강조할 뿐이다. 무엇이든 거룩한 것은

건강하다. 악은 궁극적으로 죽음으로 끝나게 되는 도덕적 병듦이다.[2]

분명히 우리는 그리스도인의 연합이라는 이름 아래 이를 간과해서는 안 된다. 이를 간과한다면 하나님의 심판이 임할 것이다.

거룩함을 소홀히 하는 사람들에 대한 성경의 가르침은 우리에게 그들과 연관되지 말아야 함을 알려 준다. 사도 바울이 고린도 교회 성도들에게 이렇게 말했듯이 말이다. "이제 내가 너희에게 쓴 것은 만일 어떤 형제라 일컫는 자가 음행하거나 탐욕을 부리거나 우상 숭배를 하거나 모욕하거나 술 취하거나 속여 빼앗거든 사귀지도 말고 그런 자와는 함께 먹지도 말라 함이라"(고전 5:11). 우리가 그러한 사람들과 함께한다면 세상을 향한 우리의 증언이 무뎌지게 될 뿐 아니라 우리에 대한 하나님의 징계를 이 땅에서 초래하게 된다. 그래서 예수님은 이렇게 말씀하셨다. "너희는 세상의 소금이니 소금이 만일 그 맛을 잃으면 무엇으로 짜게 하리요 후에는 아무 쓸데 없어 다만 밖에 버려져 사람에게 밟힐 뿐이니라"(마 5:13). 실용적인 이유로 연합이라는 제단 위에 교회가 가진 좋은 것과 하나님의 영광을 희생시키지 말자. 우리의 연합에는 "여호와께 성결"(Holy to the Lord)이라는 문구가 새겨져야 한다.

부차적인 차이점을 극복하는 복음적 연합

우리가 참된 복음과 거짓 복음, 거룩함과 불경함의 구분을 지켜야 하지만, 우리는 동시에 계급을 나누는 종류의 '기독교'를 피해야 한다. 우리는 부자와 가난한 자, 유식한 자와 무식한 자를 무리별로 나누는 '기독교'를 받아들여서는 안 된다. 우리는 단순히 피부색 때문에 백인끼리만 예배하거나 흑인끼리만 예배하는 것에 대항해야 한다. 이러한 분열이 우리 사회에 관철되더라도 교회에서 이런 일이 일어나게 해서는 안 된다. 복음은 이론만이 아니라 실천에서도 우리를 연합시켜야 한다. 우리의 교제는 이러한 모든 사회적 경계선을 제거해야 한다. 우리는 그리스도 안에서 하나이기 때문이다. 이 세상은 우리가 다르다는 것과 복음이 우리 사회에서 볼 수 있는 이 모든 적개심의 장벽을 허물어 버렸다는 사실을 봐야 한다. 이것이 우리가 실현하기 위해 힘써야 하는 연합이다.

우리는 종종 이러한 종류의 연합을 저버리는데, 이는 복음이 우리에게 제시하는 그리스도인의 교제의 경계선을 따르기를 실패하기 때문이다. 우리는 종종 '부족과 같은'(더 나은 표현을 찾기 어렵다) 우리만의 경계선을 만들어 낸다. 우리는 복음적이지 않은 행동 강령들을 제시한다. 교리 안에서 더 연합되면 우리가 서로 더 교제하게 될 것임은 사실이다. 그러나 다른 신자들이 교리적으로 우리와 정확하게 같은 입장을 갖지 않는다고 그들과 교제하지 않는다면 우리는 잘못된 울타리를 쌓는 것이다. 이것은 컬트적 종파를 만드는 것에 불과하다. 누구도 진리를 독점하지 못한다. 우리는 다른 신자들과 공통된 부분이 많다. 우리 구원자도 동일한 분이시면 내주하시는 성령님도 동일한 분이시기에 그렇다. 진리의 덜 중요한 부분에 의견이 일치하지 않는다고 해서 우리가 이 모든 것을 내던져 버릴 수는 없다. 우리는 밝은 빛 아래에서 손을 맞잡아야 한다. 우리 입장이 서로 대조되는 부분과 조화를 이루는 부분을 명확히 하면서 말이다. 우리는 서로의 유익과 하나님의 영광을 위해 그 공통점을 크게 강조해야 한다.

나는 무엇이 우리의 공통점인지를 소개하는 커티스 C. 토마스의 목록을 좋아한다. 그는 이렇게 말한다.

보수적인, 복음주의 교회들은 기본적인 것들을 많이 공유한다. 예를 들어, 다음과 같은 것들에 대해 헌신한다. 영감 되고 무오한 하나님의 말씀, 그리스도의 신성, 오직 믿음으로 말미암아 은혜로 받는 구원, 천국과 지옥의 실재, 영적 성장의 필요성과 경건함 등 말이다. 이러한 원리들에 동료 신자들이 헌신할 때 더욱 풍성한 교제를 누리게 된다. 우리가 서로 다른 교회나 교파에 속하더라도 말이다.[3]

남침례신학교의 앨버트 몰러(Albert Molher)는 '신학적 우선순위 분류'(theological triage)라는 개념을 제시했다. 이는 그리스도인의 연합을 어떻게 추구할지 생각해 볼 때 교리적 차이를 평가하는 데 도움을 주는 개념이다. 이 '우선순위 분류'로 진리를 세 단계로 구분한다.

> 첫 단계에 속하는 신학적 주제들은 기독교 신앙의 가장 중심에 속하고 핵심적인 교리들로 구성된다. 이렇게 가장 중요한 교리들에 포함된 것들로는 삼위일체, 예수 그리스도의 완전한 신성과 인성, 믿음으로 말미암는 칭의, 성경의 권위 등이 있다. …
> 두 번째 단계의 교리들은 다음과 같은 이유로 첫 단계의 교리들과 구분된다. 믿음을 가진 그리스도인들이 이 두 번째 단계의 교리들에 대해 서로 동의하지 않을 수 있다. 비록 이 불일치가 신자들 사이에 중대한 경계선들을 만들어 낼 수 있지만 말이다. …
> 두 번째 단계의 주제들은 세례의 의미와 방식을 포함할 것이다. 예를 들어, 침례교도들과 장로교도들은 기독교 세례의 가장 기초적인 이해에 있어 강렬한 의견 차이를 보인다. …
> 세 번째 단계의 주제들은 그리스도인들이 의견이 갈리더라도 친밀한 교제를 유지할 수 있는 종류의 교리들이다. 이는 지역 교회 내에서도 발생한다. 예를 들어, 나는 종말론에 대한 대부분의 논쟁을 이 범주에 넣을 것이다.[4]

신학적 우선순위 분류를 통해 얻는 큰 유익은 그리스도인의 교제에 있어 선을 그어야만 하는 부분에 선을 긋도록 도와준다는 점이다. 기독교의 근본적인 진리들은 타협할 수 없는데, 이는 이것들을 믿지 않는다면 지옥으로 향하게 되기 때문이다. 우리는 거기에 교제의 경계선을 그어야 한다. 그리스도인의 삶과 실천에 충분히 중요한 진리들은 우리를 서로 다른 교파로 구분되게 만들겠지만, 그리스도의 복음을 위해 서로 함께 일할 많은 기회를 허용할 것이다. 이것이 바로 몰러의 요점이며, 나는 그의 견해가 좋다고 생각한다.

부차적인 문제로 서로 갈라지는 경향을 보이는 그리스도인들에 대해 안타까워하면서, R. B. 카이퍼는 이렇게 말한다.

> 개신교 교회들은 교회 회원들이 십계명이 아니라 11개 또는 12개의 계명들을 지키며 살아야 한다고 진지하게 요구하는 그리스도인들에 의해 분열되었다. 이 점에서 경건의 미덕이 가식적인 경건이라는 악덕으로 악화해 버린다. 동일한 지점에서 분파주의의 죄는 자주 그 얼굴을 드러내곤 했다. 하나님의 말씀에 비춰 '비본질적인' 문제들에 있어 교회를 분열시키는 것이 바로 분파주의의 본질이다. 이 비본질적인 문제들이란 하나님이 정죄하시지도, 명령하시지도 않은 실천을 의미한다. 더 나아가 성경의 여러 가르침을 서로 균형 있게 지키기를 실패하고 그 결과로 이 가르침

중 하나 또는 일부만을 다른 사람들에게 강조하는 행위는 그리스도의 교회의 가시적인 연합을 자주 파괴했다. 신학적 취미로 장난을 치는 것은 결코 무죄한 여흥이 아니다. 이러한 종류의 죄에 대해 교회는 회개해야 하며 이를 중단해야 한다.[5]

복음적 분열의 다른 이유

참된 신자들이 공유하는 부분이 많음에도 종종 서로 함께하기를 거부하는 이유는, **그들의 지도자들이 가진 개성의 차이가 강하기** 때문이다. 역사는 이런 예로 가득하다. 제임스 더럼(James Durham, 1622-1658)은 이를 인식하고 이렇게 말했다.

> 종종 분열은 몇몇 사람들 사이에 감정이 소원해지면서 시작된다. … 그리고 실제로 자주 문제의 핵심이 여기 있다. 사람들이 정서적으로 서로에게 만족하지 못하고, 그들이 서로를 신뢰하지 않게 된다는 점 말이다.[6]

좋은 사람들이 부차적인 문제에서 서로 의견이 갈린다. 이 부차적 문제란 그들의 강력한 감정으로, 그들이 서로에 대해 개인적으로 가진 지식이 이 감정에 연료를 공급한다. 그 결과, 그들은 자신을 따르는 그리스도인들을 그들 뒤에 세워서 싸우게 하는데,

엄격하게 말해서 이것은 그들을 따르는 이들은 관심을 두지 않는 문제들이다. 몇몇 하찮은 문제가 왜 죽고 사는 문제로 변해 버려서 뜨거운 논쟁거리가 되는지에 대한 설명은 지도자들에 대한 충성에서 찾을 수 있다. 이 지도자들이 천국에 가고 그들에게 충성을 다하지 않는 새로운 세대가 일어나면, 모두가 왜 그런 문제가 좋은 사람들 사이에 분열을 일으켰을지 궁금해하게 된다.

우리는 바울이 고린도 교회 성도들이 자신을 성찰하도록 질문함으로써 전하고자 했던 교훈을 배워야 한다. 그는 이렇게 묻는다. "내가 이것을 말하거니와 너희가 각각 이르되 나는 바울에게, 나는 아볼로에게, 나는 게바에게, 나는 그리스도에게 속한 자라 한다는 것이니 그리스도께서 어찌 나뉘었느냐 바울이 너희를 위하여 십자가에 못 박혔으며 바울의 이름으로 너희가 세례를 받았느냐"(고전 1:12-13). 이후 바울은 이렇게 요약해서 말한다. "나는 심었고 아볼로는 물을 주었으되 오직 하나님께서 자라나게 하셨나니 그런즉 심는 이나 물 주는 이는 아무것도 아니로되 오직 자라게 하시는 이는 하나님뿐이니라"(고전 3:6-7). 우리는 눈을 더 높이 들어서 인간 지도자들이 아니라 진정으로 중요한 분이신 하나님을 인지해야 한다. 우리 지도자들은 그저 그분 손안에 있는 종들일 뿐이다. 지도자들은 잠깐 있다 사라지지만, 하나님과 그분의 말씀과 그분의 나라는 변함없고 흔들리지 않는다. 우리는 무엇보다 이 하나님께 시선을 맞춰야 한다.

신자들 사이에 일어나는 분열의 또 다른 중요한 이유는 우리가 **서로 다른 전통문화** 속에서 교회 생활을 한다는 점이다. 우리는 백지상태로 교회에 오지 않는다. 우리가 과거에 겪은 사회적이고 종교적인 경험들은 우리의 기대와 판단에 영향을 미친다. "어떤 사람의 음식이 다른 사람에게는 독이다."라는 표현은 참으로 옳다. 바로 이 문제가 유대인과 이방인이 함께 모인 초대 교회를 위협했다. 그래서 사도 바울은 이렇게 말했다.

> 믿음이 연약한 자를 너희가 받되 그의 의견을 비판하지 말라 어떤 사람은 모든 것을 먹을 만한 믿음이 있고 믿음이 연약한 자는 채소만 먹느니라 먹는 자는 먹지 않는 자를 업신여기지 말고 먹지 않는 자는 먹는 자를 비판하지 말라 이는 하나님이 그를 받으셨음이라(롬 14:1-3).

바울 또한 절기를 지키는 문제에 대한 차이를 다루었다. 이 논쟁적인 주제들은 로마 교회를 분열시킬 위협이었다.

이는 우리 시대에도 동일하다. 존 맥아더(John MacArthur)는 이 구절들에 대해 이렇게 해설한다.

> 명백한 죄만이 교회의 영적 건강과 연합을 위협하는 유일한 위험인 것은 아니다. 특정 태도나 행동은 그 자체로는 죄가 아니더

라도 교회사 속에서 친교와 열매 맺음을 파괴하고 셀 수 없이 많은 교회의 사역, 증언, 연합을 망가뜨렸다. 이 문제들은 그리스도인들 사이에서 성경이 명령하지도 금지하지도 않은 문제들에 대한 견해 차이로 인해 발생한다. 이는 개인의 선호나 역사적 전통의 문제로 다른 이에게 요구되면 혼란, 갈등, 악감정, 상처 받은 양심, 불화를 낳을 수밖에 없다.[7]

우리가 가진 서로 다른 사회적 배경은 정치적 입장, 예배 형식, 의복 스타일 등에 있어 매우 강한 편견을 낳는다. 우리가 가진 양심의 가책과 거리낌이 서로 다르며, 결국 서로 다투고 경멸하고 정죄하게 된다. 우리는 다른 견해를 가진 이들을 향해 무정하고 거칠고 경멸적인 언어를 사용한다. 이런 언어는 상처를 주고 관계를 파괴한다. 그러나 하나님은 자신의 교회가 다문화가 되도록 의도하셨다. 존 파이퍼(John Piper)는 이에 대한 근거를 이야기한다. "이 세상의 모든 민족 집단에 초점을 맞춤으로써 하나님은 민족 중심적 교만을 무너뜨리시고 모든 민족을 그들 자신의 어떤 특징이 아닌 하나님의 값없는 은혜 위에 다시 세우신다."[8]

복음주의자들 사이에 일어나는 불화의 또 다른 원인은 **용서하지 못하는 마음**이다. 우리는 완전할 수 없고 여전히 그리스도 안에서 믿음으로 성화하고 있어서 서로를 잘못된 방식으로 대할 수 있다. 아프리카에는 다음과 같은 속담이 있다. "서로 가까이 있는 나무들은 가지들이 부딪치게 될 것이다." 이것은 피할 수 없는 일이다. 우리는 서로에게 좋게 봐줘도 현명하지 못하고 심하게는 명백히 죄가 되는 말과 행동을 할 것이다. 이는 형제자매들에게 상처를 줄 것이다. 어떤 상처는 다른 것들보다 치유하는 데 더 오래 걸린다. 상처받은 이들은 종종 원한을 품고 다니다가 결국 형제의 머리 위에 앉은 파리를 잡기 위해 4.5킬로그램짜리 망치를 휘두르려 한다. 해결되지 않은 문제로 인해 상처받은 자존심을 간직한 이들에 의해 교제가 파괴된다. 사람들은 자신들에게 상처를 준 이들과 대화로 문제를 해결하기를 거부한다. 그래서 그들은 어디를 가든 자신들을 공격한 사람들을 향한 쓴 뿌리를 계속 퍼뜨린다.

이것이 바로 바울이 빌립보서 4장 2-3절에서 "참으로 나와 멍에를 같이한" 사람이라고 표현한 대상에게 다음과 같이 호소했던 중요한 이유다.

> 내가 유오디아를 권하고 순두게를 권하노니 주 안에서 같은 마음을 품으라 또 참으로 나와 멍에를 같이한 네게 구하노니 복음에 나와 함께 힘쓰던 저 여인들을 돕고 또한 글레멘드와 그 외에 나의 동역자들을 도우라 그 이름들이 생명책에 있느니라(빌 4:2-3).

바울은 단호하게 말하고 있다. 우리는 개인적 다툼의 싹을 츠기에 잘라 내도록 도울 필요가 있다. 이러한 불화는 종종 두 개인을 넘어 쉽게 교회 전체를 휩쓸어 버린다. 그리고 그 회중으로부터 시작된 서로 간의 다름이라는 동심원이 점점 커지면서 성도들 사이에 분열을 일으킨다. 다른 곳에서는 이를 "쓴 뿌리"라고 부른다. 히브리서는 이에 대해 이렇게 경고한다. "너희는 하나님의 은혜에 이르지 못하는 자가 없도록 하고 또 쓴 뿌리가 나서 괴롭게 하여 많은 사람이 이로 말미암아 더럽게 되지 않게 하며"(히 12:15). 우리는 종종 이것의 영향을 과소평가하기에 그에 걸맞은 주의를 기울이지 않는다.

너무 많은 그리스도인이 그들과 별 상관없는 문제로 싸운다. 그들은 단지 친분이 있는 사람들이 **교회에서 적이라고 여기는 이들**에게 앙갚음하려고 할 때, 의리 때문에 그렇게 한다. 이러한 적대감은 어떤 문제가 반드시 다뤄져야 하며, 그렇지 않으면 기독교 신앙이 치명적인 타격을 받을 것이라는 주장 아래 가려져 있다. 하지만 이에 따라 발생하는 소동의 정도와 해당 문제 자체의 중요성을 비교해 본다면, 누구나 더 깊이 내재하는 다른 문제가 있음을 금방 깨닫게 된다. 촉발되는 다툼의 뜨거움은 당면한 문제에 비례하지 않는다. 종종 개인적 원한이 기차 전체를 협곡으로 몰아간다. 이것은 반드시 멈춰야 한다.

비방이라는 죄는 이러한 불화를 종종 악화시키는 쐐기가 된다. 이는 단순한 험담이나 소문 퍼뜨리기를 넘어선다. 비방은 다른 사람의 명성을 손상하기 위해 거짓되거나 확인되지 않은 정보를 전달하려는 내적 욕망에 이끌려 행해진다. 이는 악의의 열매다. 사람들은 진영을 갈라 서로 다툴 때, 문제가 된 지점에 대해 싸울 뿐 아니라 적으로 여기는 이들에게 타격을 입힐 정보를 찾아 헤매거나 그 정보를 기꺼이 손에 쥐려 한다. 그들은 자신들의 적대자들이 얼마나 위선적이거나 무분별하거나 도덕적으로 타락했는지를 보여 준다고 여겨지는 이야기를 환영한다. 이러한 무기를 손에 넣는 즉시 그들은 재빠르게 그것에 날개를 달아 퍼뜨린다. 그 이야기가 진실인지 확인하려는 노력은 전혀 없다. 그런 소식이 상대방의 사역에 어떤 영향을 미칠지도 신경 쓰지 않는다. 사실, 정보 제공자가 확신하지 못하는 듯한 표현('아마도', '혹시')을 사용한 경우라고 할지라도, 이를 다시 말할 때 그런 소극적인 단어들은 생략되며 이제 소문은 진실인 것으로 전해지게 된다.

비방은 다른 이들의 죄에 대한 고발이지만 그 자체로 회개해야 하는 죄다. 하나님의 자녀의 입술로 해서는 결코 안 되는 추한 행동이다. 비방하는 이 중 으뜸은 사탄이다. 찰스 해돈 스펄전(Charles Haddon Spurgeon)은 사탄에 대해 이렇게 경고한다.

사탄은 늘 그리스도인의 교제를 미워한다. 그리스도인들을 분리하는 것이 그의 전략이다. 그는 성도들을 분열시키는 일이라면 무엇이든 기뻐한다. 그는 우리보다 더 경건한 이들의 교제가 중

요하다고 여긴다. 연합이 강력하여 그는 최선을 다해 분열을 조장한다.[9]

우리는 결코 사탄과 뜻을 같이하거나 그의 지침을 따라서는 안 된다. 사도 바울은 이렇게 말했다. "너희는 모든 악독과 노함과 분냄과 떠드는 것과 비방하는 것을 모든 악의와 함께 버리고 서로 친절하게 하며 불쌍히 여기며 서로 용서하기를 하나님이 그리스도 안에서 너희를 용서하심과 같이 하라"(엡 4:31-32).

비방은 사라져야 한다. 비방의 뿌리는 용서하지 못하는 마음이다. 이것은 우리가 그리스도의 몸 안에서 추구해야 하는 연합에 아주 큰 타격을 입힌다. 그러므로 이를 빠르게 회개할수록 우리 모두에게 유익하다. 야고보는 이에 대해 "형제들아 서로 비방하지 말라"(약 4:11)라고 명료하게 말했다. 이보다 더 명확한 사실은 없다.

복음적 연합을 유지하는 데 유익한 활동

우리는 하나님의 백성으로서 연합을 유지하기 위한 몇 가지 실천 방법에 대해 고찰해야 한다. 다음과 같은 것들이 있다.

1. 우리는 복음 및 기독교 진리 일반을 아는 지식에서 자라 가

야 한다. 믿음 안에서의 연합은 멋진 느낌, 좋은 음악, 모호한 말을 토대로는 깊어질 수가 없다. 이런 것들은 세상 어디서나 얻을 수 있다. 이것들은 피상적이기에 풍성하고 영속적인 연합을 유지할 수 없다. 그리스도인의 연합은 진리에 기초한다. 더 많은 진리를 공유할수록 서로를 향한 친밀함도 깊어진다. 이것이 1장과 2장에서 하나님이 우리의 연합을 보증하기 위해 무엇을 하셨는지를 먼저 살펴보는 방식으로 이 책을 시작한 이유다. 이것은 그리스도인의 연합이 세워지기 위한 교리적 기반이다. 이 토대가 없다면 신자들 사이의 어떤 형태의 연합도 불안정하다. 오래 버틸 수 없을 것이다. 우리가 깊이 있고 영속적인 연합을 경험하려고 한다면, 그리스도인이 이런 교리적 진리에 대해 깊이 숙고하도록 해야 한다.

이것이 바로 하나님이 말씀과 교리에 힘쓰는 교회 장로들을 주신 이유다. 이를 통해 신자들은 기독교 진리를 아는 지식에서 자라 갈 수 있게 된다. 이런 일을 통해 사탄의 공격에 저항할 수 있게 하는 연합을 이루어 서로와 세상을 향해 사역하게 된다. 사도 바울은 이를 염두에 두고 다음과 같이 말했다.

그가 어떤 사람은 사도로, 어떤 사람은 선지자로, 어떤 사람은 복음 전하는 자로, 어떤 사람은 목사와 교사로 삼으셨으니 이는 성도를 온전하게 하여 봉사의 일을 하게 하며 그리스도의 몸을 세우려 하심이라 우리가 다 하나님의 아들을 믿는 것과 아는 일에 하나가 되어 온전한 사람을 이루어 그리스도의 장성한 분량이 충만한 데까지 이르리니(엡 4:11-13).

이 믿음의 연합은 교리적 연합이다. 이것은 신자들이 그들의 목자들에게 정기적으로 가르침을 받을 때 이루어진다. 이 부분에서 열매를 맺는 것이 사역에 필요하다. 이를 통해 그리스도의 몸이 양적인 동시에 질적으로 성장하게 된다.

"교리는 분열을 일으키지만, 사랑은 연합시킨다."라는 말은 사람들이 교만하고 알력 다툼을 조장할 때만 해당한다. 즉, **사람들이** 교리를 잘못 사용해서 스스로 분열되는 것이다. 때때로 교리는 구원에 이르는 진리를 추구하는 이들과 심각한 오류에 빠진 이들 사이에 분열을 일으킨다. 교리는 참 복음을 믿는 이들과 이단을 조장하는 이들 사이를 분열시키기도 한다. 이러한 종류의 분열은 비록 안타까운 일이지만 받아들여야 한다. 이렇게 두 집단으로 나뉠 때 한 집단은 선교사들로 구성되고 다른 한 집단은 선교 대상이 되기에 그렇다. 왜 이 둘이 어둠 속에서 손을 잡고 있어야 하는가? 성령의 열매는 사람들이 진정으로 겸손해지게 하며, 배우기를 진심으로 원하는 이들을 오래 참게 해 준다. 분열 대신 하나님의 진리를 중심으로 삼아 아름다운 친교가 늘 자라가게 된다. 성령으로 충만한 이는 교회 안에 있는 이단에 대해 무

관심하지 않다. 오히려 그들은 이단적인 교사들에 의해 일어나는 분열이 끝나도록 끊임없이 기도한다.

2. 우리는 다른 신자들을 향한 사랑과 염려에 있어서 자라 가야 한다. 사도 바울은 상상할 수 있는 온갖 장애물(지도자들의 개성, 우상에게 바쳐진 음식, 성만찬, 동적 은사 등)로 인해 고린도 교회 내에 분열이 일어난 것을 알게 되었을 때, 이러한 장애물을 극복할 원리를 성도들에게 제시했다. 그중에서도 특히 영적 은사를 두고 다투는 데 대한 원리를 가르쳤다. 바울은 이렇게 말한다.

> 너희는 더욱 큰 은사를 사모하라 내가 또한 가장 좋은 길을 너희에게 보이리라 …
> 내가 사람의 방언과 천사의 말을 할지라도 사랑이 없으면 소리 나는 구리와 울리는 꽹과리가 되고 …
> 사랑은 오래 참고 사랑은 온유하며 시기하지 아니하며 사랑은 자랑하지 아니하며 교만하지 아니하며 무례히 행하지 아니하며 자기의 유익을 구하지 아니하며 성내지 아니하며 악한 것을 생각하지 아니하며 불의를 기뻐하지 아니하며 진리와 함께 기뻐하고 모든 것을 참으며 모든 것을 믿으며 모든 것을 바라며 모든 것을 견디느니라 사랑은 언제까지나 떨어지지 아니하되 …
> 그런즉 믿음, 소망, 사랑, 이 세 가지는 항상 있을 것인데 그중의

제일은 사랑이라(고전 12:31; 13:1, 4-8, 13).

교회의 분열을 예방하는 열쇠는 성경적 사랑이다.

사람들이 서로에게 상처를 입힐 때, "사랑은 허다한 죄를 덮느니라"(벧전 4:8)라는 말씀을 기억해야 한다. 참된 기독교적 사랑이 있다면 형제자매를 다툼의 길로 이끄는 악덕을 하나님께 영광 돌리는 은혜의 분위기 속에서 해결할 수 있다. 하나님은 우리가 서로 사랑하라고 명하셨다. 이 사랑을 통해 우리는 서로를 높이고, 화목하게 살아가며, 서로를 받아 주고, 서로의 의견에 동의를 표하고, 서로를 섬기고, 인내하고, 친절을 베풀고, 용서하고, 서로에게 복종하고, 격려하고, 자신의 죄를 고백하고, 서로를 위해 기도하고, 서로를 환대하는 등의 실천을 하게 된다. 이것들은 그리스도인의 연합의 깊이를 보여 주는 태도와 행동이다. 이 연합은 깊다. 우리가 신자로서 서로의 연합을 추구한다면 우리는 의도적으로 서로 사랑하려고 노력할 필요가 있다.

이것을 완전하게 보여 주는 예를 우리 주 예수 그리스도로부터 발견할 수 있다. 바울은 빌립보 교회 성도들에게 이렇게 말했다.

그러므로 그리스도 안에 무슨 권면이나 사랑의 무슨 위로나 성령의 무슨 교제나 긍휼이나 자비가 있거든 마음을 같이하여 같은 사랑을 가지고 뜻을 합하며 한마음을 품어 아무 일에든지 다툼이나 허영으로 하지 말고 오직 겸손한 마음으로 각각 자기보다 남을 낫게 여기고 각각 자기 일을 돌볼뿐더러 또한 각각 다른 사람들의 일을 돌보아 나의 기쁨을 충만하게 하라 너희 안에 이 마음을 품으라 곧 그리스도 예수의 마음이니(빌 2:1-5).

바울은 이어서 낮아지셨다가 다시 높아지신 그리스도에 관해 설명한다. 그분은 우리의 구원자인 동시에 본보기가 되신다. 우리가 그분의 발걸음을 따라간다면 그리스도인의 연합이 꽃피우게 되는 환경을 조성하게 될 것이다.

3. 우리는 하나님의 백성을 만날 기회를 무시해서는 안 된다.
그리스도인이 서로를 당연하게 여기고 함께하려는 노력을 특별히 하지 않는다면 친교가 사라지게 된다. 과학 기술이 소통의 장벽을 놀라운 방법으로 넘어서게 해 주었지만, 이것은 같은 장소와 시간에서 동료 신자들과 함께하는 것을 결코 대체하지 못한다. 예루살렘에 있던 초대 교회는 다음과 같이 묘사된다는 점을 주목하자.

> 그들이 사도의 가르침을 받아 서로 교제하고 떡을 떼며 오로지 기도하기를 힘쓰니라 … 믿는 사람이 다 함께 있어 모든 물건을 서로 통용하고 … 날마다 마음을 같이하여 성전에 모이기를 힘

쓰고 집에서 떡을 떼며 기쁨과 순전한 마음으로 음식을 먹고(행 2:42, 44, 46).

이러한 모임 가운데 당신은 동료 신자들을 알게 되고 그들도 당신에 대해 알게 된다. 당신은 그들의 필요가 뭔지 보게 되고 그들의 필요를 채우기 위해 행동할 수 있다. 초대 교회에서 그랬듯이 말이다. 우리가 서로를 알아 가면 다른 이들이 비방과 고발을 통해 우리 사이에 균열을 일으키기 어려워진다. 우리가 서로 함께 시간을 보내지 않는다면 그들이 우리 사이에 분열을 일으키기가 더 쉬워진다.

비록 우리 친교의 주된 장은 지역 교회지만, 우리는 지역 교회 너머 다른 신자들과 대면하고 친교를 누려야 한다. 목회자들은 그들 지역의 다른 목회자들을 만나 친교의 시간을 만들기 위해 노력해야 한다. 커티스 C. 토마스가 이렇게 말했듯이 말이다.

각 지역에 목회자들이 서로 알아 갈 수 있는 복음주의 사역 연합들이 있어야 한다. 이러한 모임으로부터 교회가 함께 일하도록 돕고 그리스도의 보편적 몸이 연합하게 될 방책들이 나타나게 된다. 분열되어 갈수록 우리는 세상의 구경거리가 되어 버린다. 우리가 사랑 안에 연합할수록 세상은 더욱더 그리스도를 보게 된다.[10]

그리스도인들은 지역 콘퍼런스와 캠프를 찾아보고 거기에 참석할 시간을 내야 한다. 우리가 다른 교회, 심지어 다른 교파의 신자들과 얼마나 많은 공통점이 있는지 발견하는 것은 놀라운 일이다! 이러한 깨달음은 그리스도인의 연합을 더욱 깊게 만든다. 우리는 다음과 같은 히브리서의 호소에 주의를 기울여야 한다. "서로 돌아보아 사랑과 선행을 격려하며 모이기를 폐하는 어떤 사람들의 습관과 같이 하지 말고 오직 권하여 그날이 가까움을 볼수록 더욱 그리하자"(히 10:24-25). 여기서 우리가 서로 격려하는 "선행"이 바로 다음 장의 주제다. 우리는 복음의 대의를 위해 함께 힘쓰는 이들이기 때문이다.

chapter 4

복음 사역 속에서 연합이 증거된다

우리가 그리스도인으로서 굳건하게 한마음이 될 때 추구하는 목적이 있다. 바로 주 예수 그리스도의 복음을 함께 알리는 것이다. 우리가 친교 속에서 이루는 연합은 영적 전쟁에 있어 서로를 단결시킨다. 이것이 바로 이 책에 영감을 준 말씀을 기록한 바울이 염두에 두었던 원리다. 바로 이 말씀이다. "오직 너희는 그리스도의 복음에 합당하게 생활하라 이는 내가 너희에게 가 보나 떠나 있으나 너희가 한마음으로 서서 한뜻으로 복음의 신앙을 위하여 협력하는 것과"(빌 1:27). 빌립보 교회 성도들이 한마음 한뜻으로 서 있을 때 그들은 신앙을 위해 나란히 힘쓰게 될 것이다. 궁극적으로 이것은 우리의 목표가 되어야 한다. 존 S. 해밋(John S.

Hammett)은 이를 이렇게 설명한다.

> 지역 교회들은 그들이 보편 교회의 한 주님과 한 신앙을 붙드는 정도에 따라 보편 교회의 하나 됨에 참여한다. … 이러한 연합은 한 지역 교회가 복음의 신앙을 고백하는 다른 지역 교회들, 즉 하나 되었다고 볼 수 있는 그 교회들과 어떻게 상호 작용을 하는지를 통해 표현되어야 한다.[1]

성도들의 모임과 완전함을 위한 연합

웨스트민스터 신앙고백서의 저자들은 복음 사역에 있어 연합이 필요하다는 점을 그들이 교회에 대한 교리를 진술할 때 다뤘다. 그들은 보편 교회가 무엇인지 정의했을 뿐 아니라, 그리스도께서 이 보편 교회에 복음을 전파할 책임을 주셨다고 명시했다. 신앙고백서 25장에서는 다음과 같이 말한다.

> 2. 복음 아래 공교회(catholic)적이거나 보편적인 가시적 교회(율법 아래 있던 때처럼 한 나라에 제한되지 않는다)는 온 세상에 퍼져 참 신앙을 고백하는 모든 사람과 그들의 자녀들로 구성된다. 이 교회는 주 예수 그리스도의 왕국, 하나님의 집이자 가족이다. 이 교회 밖에서는 통상적으로 어떠한 구원의 가능성도 없다.

3. 그리스도께서는 이 가시적 공교회[2]에 하나님의 사역, 계시, 규례를 주셨다. 이는 이 땅에서 세상 끝 날까지 성도들을 모으고 완전케 하기 위함이다. 그리고 그리스도께서는 자신의 약속대로, 자신의 임재와 성령으로 이것들을 효력 있게 만드신다.[3]

우리는 자녀들이 교회에 포함되어야 하는지를 두고 의견 차이가 있을지 모른다. 그러나 모든 참된 그리스도인들은 이 신앙고백서의 저자들이 "그리스도께서는 이 가시적 공교회에 하나님의 사역, 계시, 규례를 주셨다. 이는 이 땅에서 세상 끝 날까지 성도들을 모으고 완전케 하기 위함이다."라고 가르친 것에 대해 쉽게 동의할 것이다. 그렇기에 단순하게 우리 사이의 친교를 보존하는 정도로는 충분하지 않다. 우리는 주 예수 그리스도께서 역사의 끝에 다시 오실 때까지 이 땅에서의 하나님 나라의 확장을 목표로 하나님의 사역을 함께 해 나가야 한다.

몇 가지 필수적 전제

우리가 복음 사역에 힘쓰기 위해 함께 일하려면 복음에 대한 공통된 이해가 있어야 함이 당연하다. 이것은 최소한으로 요구되는 필수적 기초다. 그래서 이전 장에서 이를 강조했다. 오직 은혜로만, 오직 믿음으로만, 오직 그리스도 안에서만 구원받는다고 믿는 이들은 우리의 선행이 구원에 있어 하나님의 호의를 공로로 얻을 수 있다고 생각하는 이들과 복음 사역을 함께 할 수가 없다. 이 두 견해는 완전히 상반된다. 첫 번째 견해를 가진 이들에게 있어 선행으로 쌓는 공로가 하나님의 구원하시는 은혜를 얻는 방법이라고 제시하는 이들은 사실 선교 대상이다. 우리는 그들이 구원에 이르도록 돕기를 원한다. 그렇기에 우리는 그들과 함께 사역할 수 없다. 이것이 바로 우리가 자신을 '그리스도인' 또는 '교회'라고 주장한다고 해서 다 손잡고 협력하지는 않는 이유다. 우리는 신앙을 고백하는 그리스도인이 예수 그리스도의 복음을 어떻게 이해하고 있는지 알아야 한다.

복음 사역에서 팀워크는 교회와 그리스도인들이 정기적으로 친교를 나누고 있음을 전제로 한다. 나는 이미 이러한 친교가 섬김과 사역에서 우리가 함께할 수 있는 토대가 된다고 주장했다. 이러한 친교 안에서 서로 강력한 연대를 형성할 수 있으며 복음을 위해 풍성히 힘쓸 수 있도록 서로 도움이 되는 각자의 은사와 재능을 발견할 수 있다. 당신은 교제를 나눌 때 다른 이들이 주님을 향해 갖는 사랑과 주님을 따르고자 하는 그들의 열정을 느끼게 된다. 모든 면에서 의견이 일치하지는 않을 수 있지만, 그들과 마음이 맞는다는 점을 보게 되고 그들과 함께 섬기고 싶어 하게 된다. 그들을 존경하게 된다. 함께 섬기면서 그들로부터 배우고 싶어 하게 된다. 그들이 당신의 삶을 영적으로나 다른 많은 면에서 풍성하게 만들어 줄 수 있음을 깨닫게 될 것이다. 성도들과의 정기적인 친교가 당신에게 이런 것들을 가져다줄 것이다.

같은 교회의 일원들 사이에서 이러한 친교는 정기적으로 만날 것을 전제로 한다. 다른 교회에 있는 그리스도인들과 함께 시간을 보내는 것은 의도적인 노력이 필요하다. 우리에게는 다른 교회의 성도들과의 친고가 종종 부족하고, 이것은 서로의 삶을 풍성하게 할 기회를 앗아간다. 개별 교회 밖의 그리스도인들을 의미 있는 방식으로 닿아 가려면 우리가 속한 지역 교회들의 범위를 넘어서는 기독교 콘퍼런스나 세미나에 참여할 시간을 낼 필요가 있다. 사실 이런 장소가 우리가 함께 노력할 수 있는 곳이다. 우리는 다른 교회의 그리스도인들과 콘퍼런스나 복음주의 캠페인을 조직할 수 있다.

나는 대학 시절 캠퍼스에서 국제복음주의학생회(International Fellowship of Evangelical Students, IFES) 모임에 속한 다른 교파 신자들과 정기적인 친교를 나누는 가운데 얼마나 내 영적 삶이 풍성해졌는지를 결코 잊을 수 없다. 우리는 종종 교리 문제로 논쟁했고, 때로는 현명하지 못한 방식으로 그렇게 했지만, 그 시절 형성된 유대감은 거의 반세기 동안 지속되었다. 우리는 성경 공부와 기도를 위해 모였을 뿐 아니라 복음주의 캠페인을 함께 조직했다. 우리는 그 당시 많은 동료 학생이 그리스도 안에서의 회개와 믿음으로 나아오는 것을 목격했다. 우리는 우리가 동일한 복음을 믿고 있음을 알았고 그리스도를 알고 그분을 전하기 위해 함께 힘썼다. 이로 인한 한 가지 열매는 학생 시절이 지난 지 한참 후에도 우리가 서로를 불러 전국의 다양한 기독교 사역에 함께 참여했다는 것이다. 대학 시절에 이러한 깊은 영적 유대를 형성하지 않았다면 이런 일은 결코 없었을 것이다. 우리가 그리스도인의 교류를 우리 교회나 교단 내의 사람들로만 제한하면 우리는 자신을 빈곤하게 만들 수밖에 없다.

찰스 해돈 스펄전은 교회 연합의 결핍에 대해 한탄했다. 그 결과 그리스도를 위해 이룬 것이 너무 적게 되었기 때문이다. 그는 한 설교에서 이렇게 말했다.

그리스도의 교회는 항상 다투고 있다. 하지만 당신은 사탄과 그의 동료들이 다투는 것을 들어 본 적이 있는가? … 그들은 너무나 단결되어 있어서, 만약 어느 특별한 순간에 거대한 … 지옥의 군주가 자기 군대의 모든 병력을 한 특정 지점에 집중하게 하고자 한다면, 그것은 시계 초침이 움직이는 순간 이루어지고, 그가 승리할 가능성이 가장 크다고 판단되는 바로 그 순간에 유혹이 최대의 힘으로 다가온다. 아, 우리가 하나님의 교회에서 이와 같은 일치됨을 가졌다면, 우리 모두 그리스도께서 인도하시는 손가락을 따라 움직였다면, 모든 교회가 … 어떤 특정한 악을 공격하기 위해 하나의 거대한 병력을 움직일 수 있다면, … 우리가 얼마나 더 쉽게 승리할 수 있을까! 하지만, 아아, … 지옥의 세력은 일치단결에 있어서 우리를 훨씬 능가한다.[4]

그리스도를 위해 함께 일할 영역

우리가 우리 왕이신 주 예수 그리스도께 마땅히 드려야 할 노력을 함께할 수 있는 영역이 있다. 몇 가지를 나열해 보겠다.

1. **책 출판.** 매우 적은 교회만이 내부 출판 사역을 시작할 재정적 능력과 문학적 은사를 갖고 있다. 만일 우리가 오늘날 명확한 사고와 건전한 신학을 지닌 이에 의해 저술된 좋고 탄탄한 책들을 출판하려면, 우리는 지역 교회의 경계를 넘어서 재정적, 인적 자원을 함께 모아야 한다. 이는 종교개혁 이후 역사 속에서 일어난 일이다. 인쇄기의 도움으로 그리스도인들은 자신들의 재능을 모아 출판사를 세우고 가능한 한 많은 가정에 말씀, 특히 성경 자체를 전달했다. 이를 위해 히브리어와 헬라어 전문가들, 그리고 성경이 번역되는 언어의 전문가들을 모으는 일이 필요해졌다. 또한 하나님의 말씀을 사랑하고 이 말씀이 이를 간절히 읽을 필요가 있는 사람들에게로 전해지기를 원하는 후원자들이 필요해졌다. 이것은 그리스도인들이 그들의 작은 차이를 제쳐 두고 더 큰 공동선을 위해 함께 노력하려고 했기에 이루어질 수 있었다.

2. **신학적 훈련.** 교회는 지도자들이 어떠하냐에 따라 세워지기도 하고 무너지기도 한다. 그러므로 어느 교회든 간에 목회자나 다른 교회 지도자들을 훈련하기 위한 좋은 기반을 마련해 두는 것은 매우 중요하다. 일부 교회들은 자체적으로 그러한 훈련 기회를 제공할 재정적 능력과 전문적인 지식을 갖추고 있지만, 이는 매우 드문 경우다. 대부분은 교회가 서로 자원을 모아야 이것이 가능해진다. 목회 및 신학 훈련의 특성상 교리적으로 더 하나 될수록 함께 일할 가능성이 더 커진다. 그러나 공동 훈련 기구를 만들 수는 없더라도 여전히 성경 원어와 같이 의견이 일치하는 과목에 있어서는 강사를 공유할 수 있다. 각 분야의 전문가가 되려면 수년이 걸린다. 어떤 이들은 저술 활동을 통해 멀리서도 우리를 가르칠 수 있다. 또 어떤 이들은 우리 교회를 방문할 수 있는 가까운 거리에 있기도 하다. 그들을 강의하도록 초청해서 당신 교회 성도들과 다른 교회들에 유익을 끼쳐야 하지 않겠는가? 우리는 모두 이를 통해 더 풍성해질 수 있다.

3. **의료 및 교육 기관.** 복음이 전 세계에 전파된 곳마다 의료 및 교육 기관을 통해 사람들의 생활이 풍요로워졌다. 이런 의미에서 사람들이 반드시 그리스도인이 되지 않더라도 기독교 신앙은 그들의 삶의 질을 향상했다. 이러한 기관들은 기독교에 대해 회의적인 많은 사람에게 하나님의 사랑을 확신시켜 주었다. 기독

교인들이 연민 어린 마음으로 봉사하는 모습을 보았기 때문이다. 심지어 기독교 신앙에 반대하는 국가 정부들도 자신들의 국민이 이로부터 혜택을 받는다는 것을 알았기에 이러한 기관들을 허용했다.

선교지에서 이러한 기관들을 세워 나가려면 건물을 짓고 다양한 교회 배경을 가진 인력을 고용해야 한다. 또한 의료용품과 같은 소모품의 지속적인 공급도 필요하다. 기독교인들은 이러한 기관들을 지원하고 동역하는 데 함께 힘써야 한다. 출판 및 신학 교육과 마찬가지로 매우 소수의 교회만이 이러한 일들을 독자적으로 해낼 수 있다. 그렇기에 개별 교회를 넘어 여러 신자가 함께 협력해야 이러한 일들을 성공적으로 수행할 수 있다.

4. **사회적 병폐에 맞서기.** 우리는 죄가 사회 구조 안에 스며든 타락한 세상에서 살아간다. 죄악 된 길을 걷는 이들은 대중의 마음을 장악하기 위해 자신들의 생각을 고집스럽게 타인에게 강요하곤 한다. 교회는 복음을 전파하고 이를 통해 삶의 변화를 일으키도록 부름 받았지만, 다양한 교파의 그리스도인들은 지역 사회의 사회적 병폐를 해결하기 위해 함께 일해야 한다는 사실을 금방 깨닫게 된다. 포르노그래피와 도박 업소가 허가되어 사회의 도덕적 타락을 초래한다. 마약 밀매 업자들은 순진한 젊은이들을 속여 중독되게 만든다. 태아들이 낙태된다. 정부 관료들은 권력

을 유지하기 위해 기본적 인권을 짓밟는다. 이를 보고 양심에 찔린 그리스도인들은 사회에 나서서 명백히 잘못된 것에 맞서 목소리를 내게 된다.

이러한 상황에서 그리스도인들은 하나님의 말씀과 복음에 대한 동일한 이해를 토대로 공동의 가치관이 있으므로 사회에서 서로 연대해야 한다. 그들은 조직을 만들고 캠페인을 통해 함께 일할 수 있다. 이것이 바로 수 세기에 걸쳐 노예 제도와 노예 무역을 폐지한 방법이다. 이는 그리스도인들의 수가 늘어나면서 그들이 지역 교회의 경계를 넘어 오랫동안 합심하여 노력한 결과였다. 이 세상의 정부 기관들이 유대-기독교 가치관에 대해 점점 더 비관용적이 되어 가는 상황에서, 우리는 앞으로 더욱 협력해야 할 필요성을 느끼게 될 것이다.

커티스 C. 토마스는 이러한 기회들에 대해 다음과 같이 요약한다.

지역 교회들은 하나님을 영화롭게 하는 활동을 촉진하기 위해 힘을 합칠 때 더 많은 일을 이뤄 낼 수 있다. 이러한 활동 중에는 빈곤층을 위한 지역 사역, 지역 전도팀, 공동 사경회, 종교개혁 기념 주일 행사, 설교자 휴가 대체 지원, 지역 사회를 돕기 위한 프로그램, 낙태 문제에 대안을 제공하는 사역, 공직에 출마하는 그리스도인들에 대한 공동의 지원, 여러 교회가 함께하는 소풍

이나 기타 야외 활동, 합심 기도회 등이 있다. 우리가 지역 사회에 견고하고 집단으로 결속된 증인이 되기 위해 할 수 있는 일이 아주 많다.[5]

정직함과 투명함의 필요성

우리가 이 세상에서 그리스도의 뜻을 따르기 위해 함께 노력하려면 정직하고 투명해야 한다. 신뢰가 깨어지는 것만큼 그리스도인들 사이의 협력을 저해하는 문제는 없다. 이런 일은 기관을 운영하도록 주어지는 다른 이들의 재정적 도움을 개인의 이익을 위해 사용하기 때문에 발생한다. 이런 일을 행하는 사람은 자신의 이기심으로 인해 얼마나 큰 해를 끼치는지 별로 신경 쓰지 않는다. 이런 종류의 문제는 종종 충분한 책임 구조가 없을 때 발생하며, 조직의 자금이 발각되지 않은 채 유용되거나 제재를 받지 않을 수 있다.

책임 구조가 있을 때 일을 하고 자금을 사용하는 과정에서 투명성이 요구된다. 자금을 제공한 이가 이에 대한 회계 보고를 요구하면 되는 지역 교회에서는 정직성과 투명성을 확보하기가 쉬운 편이지만, 지역 교회를 넘어서는 기관이나 조직에서는 이런 일이 쉽지 않다. 이것이 바로 많은 신자가 자신들의 교회 내의 행사와 활동에만 참여하고 이를 돕는 이유다. 그들은 이렇게 하는 것이 더 안전하다고 느낀다. 감사하게도 하나님의 은혜가 풍성하게 넘치는 곳에서는 그리스도인들이 정직함을 추구하며 투명해지기를 두려워하지 않는다. 이는 세계 각지에 사는 신자들이 함께 일할 수 있는 능력을 지속해서 키우는 결과를 낳는다.

사도 바울의 예

나는 사도 바울의 삶을 살펴보는 것으로 이 장을 마무리하려고 한다. 특별히 이 세상에서 그리스도의 지상 사명을 위해 다른 신자들과 함께 일하는 것에 있어서 우리가 그에게서 무엇을 배울 수 있는지 다룰 것이다. 바울은 교회를 세우러 여기저기 다니면서 여러 교회의 신자들과 교류했다. 이때 원래는 다양한 교회에 소속되어 있던 사람들이 사도 바울의 여행 동반자가 되어 그의 선교팀의 일원이 되었다. 예를 들어, 바울이 에베소의 장로들에게 작별 인사를 할 때 바울의 팀에 소속된 이들에 대해 누가가 나열한 목록에는 "베뢰아 사람 부로의 아들 소바더와 데살로니가 사람 아리스다고와 세군도와 더베 사람 가이오와 및 디모데와 아시아 사람 두기고와 드로비모"(행 20:4)가 있었다. 이것은 정말로 범교회적인(interchurch) 팀이었다! 이 사람들은 바울의 사역에서 각각 구별된 임무를 수행했고, 그들로 인해 바울은 지상에서 그리스도 왕국의 확장을 위해 많은 일을 할 수 있었다. 바울이 유럽에 있는 교회로부터 받은 헌금을 가지고 유대 지방에 있는 교회를 방문하러 갈 때도 그는 범교회적 사역팀과 함께 일했다. 그는 이렇게 말했다.

> 너희를 위하여 같은 간절함을 디도의 마음에도 주시는 하나님께 감사하노니 … 또 그와 함께 그 형제를 보내었으니 이 사람은 복음으로써 모든 교회에서 칭찬을 받는 자요 … 또 그들과 함께 우리의 한 형제를 보내었노니 우리는 그가 여러 가지 일에 간절한 것을 여러 번 확인하였거니와 이제 그가 너희를 크게 믿으므로 더욱 간절하니라 디도로 말하면 나의 동료요 너희를 위한 나의 동역자요 우리 형제들로 말하면 여러 교회의 사자들이요 그리스도의 영광이니라(고후 8:16, 18, 22-23).

바울은 다양한 교회에서 팀을 모아서 범교회적 사역을 가장 잘 수행할 수 있게 하는 법을 알고 있었다. 우리는 그의 본보기를 통해 많은 것을 배울 수 있다.

또한 바울은 이 땅에서 하나님 나라를 위해 다른 이들과 함께 일하면서 몇 가지 고통스러운 경험도 했다. 아마도 그중 가장 잘 알려진 일은 그와 바나바가 안디옥에서부터 선교 여행을 시작한 이후 밤빌리아에서 요한 마가에 의해 버림받은 사건일 것이다. 사도행전 13장은 이런 일이 일어난 이유를 말하지 않지만, 15장에서 바나바가 요한 마가를 선교팀으로 다시 데려오려고 했을 때 바울은 이를 거절했다. 그리고 이 일은 경건한 이 둘 사이에 심각한 의견 충돌을 일으켰다. 이렇게 그들의 동역 관계는 끝나게 된다. 그러나 바울과 요한 마가가 나중에 화해하게 된다는 증거가 있다. 바울은 마지막 서신에서 이렇게 말한다. "누가만 나와 함께 있느니라 네가 올 때에 마가를 데리고 오라 그가 나의 일에 유익하니라"(딤후 4:11). 이로부터 무엇을 배울 수 있을까? 이것은 하나님이 자기 일을 이루시기 위해 완벽한 사람들을 사용하시는 것이 아니라는 사실을 보여 준다. 때로는 우리가 한동안 떨어져 있을 때 더 일을 잘할 수 있다. 또한 우리는 서로 화해를 위해 기도해야 한다. 그래야 하나님 나라의 사역을 확장하기 위해 다시 함께 수고할 수 있다.

바울이 사역에서 경험한 또 다른 실망스러운 사건은 그 끝이 좋지 못했던 것으로 보인다. 바로 데마가 떠난 사건이다. 바울은 디모데에게 "너는 어서 속히 내게로 오라 데마는 이 세상을 사랑하여 나를 버리고 데살로니가로 갔고 그레스게는 갈라디아로, 디도는 달마디아로 갔고"라고 간략하게 언급했다(딤후 4:9-10). 우리가 복음 사역을 함께 수행하려고 할 때 안타깝지만 이런 식으로 실망하는 일들이 있게 된다. 이런 일은 우리가 지역 교회 내에서만 함께 일할 때든 더 넓은 범위에서 함께 일하든 경험하게 된다. 어떤 동역자들은 우리를 버릴 것이다. 그들이 사실 참된 그리스도인이 아니었고 거듭나지 않았기 때문에 말이다. 또 다른 이들은 참된 그리스도인이지만 성화하지 못한 욕망에 사로잡혀서 우리를 버릴 수도 있다. 때로는 이런 사람들은 쉽게 떠난다. 때로는 이런 이들이 교회의 모든 체계를 무너뜨리길 원하기도 한다. 그들이 우리가 행하는 사역에 타격을 입히기 위해 우리를 비방하고 고발하여 우리 사역을 지지하는 이들이 우리와 우리가 하는 일에 불만을 품게 만들 수도 있다. 이런 일들은 매우 고통스러우며, 다시 회복하는 데 수년이 걸릴 수 있다. 이러한 다툼에 맞서기 위해 우리의 힘을 쏟아부어서는 안 된다. 그것은 일을 더 악화시킬 뿐이다. 우리는 주님이 우리를 위해 이러한 싸움을 싸우시도록 하고, "그리스도의 영광"을 추구하며 "여러 가지 일에 간절한" 사람들과 함께 전진해야 한다.

결론

그리스도인의 연합은 추구하고 경축할 가치가 있다

이제 하나님 백성 사이의 연합에 관한 이 짧은 고찰을 마무리하려고 한다. 우리는 잠시 멈춰, 하나님이 이 일을 시작하셨을 뿐 아니라 이를 축복하겠다고 약속하셨음을 깨달아야 한다. 그러므로 우리는 이 연합을 추구해야 하며, 연합의 결실을 볼 때마다 하나님을 찬양하면서 기뻐해야 한다.

선하고 기쁜 연합

우리는 이러한 개념을 아주 유명한 시편의 노래에서 찾아볼 수 있다. 이는 모든 그리스도인이 경험하고자 갈망하는 것이 되어야 한다.

보라 형제가 연합하여 동거함이 어찌 그리 선하고 아름다운고 머리에 있는 보배로운 기름이 수염 곧 아론의 수염에 흘러서 그의 옷깃까지 내림 같고 헐몬의 이슬이 시온의 산들에 내림 같도다 거기서 여호와께서 복을 명령하셨나니 곧 영생이로다(시 133:1-3).

이 시편은 여러 가지 은유로 가득하다. 즉, 보배로운 기름, 아론의 수염, 헐몬의 이슬, 시온의 산들을 말하고 있다. 연합이라는 기쁜 주제는 시편 기자인 다윗으로 하여금 하나님이 자신의 은혜를 드러내시는 두 개의 무대를 한꺼번에 다루도록 이끌었다. 다윗은 제사장인 아론의 수염에 흐르는 보배로운 기름을 이야기하는 방식으로 하나님의 특별 은총에 대해 묘사했다. 또한 그는 시온산에 내리는 헐몬의 이슬을 언급함으로써 하나님의 일반 은총을 이야기했다. 다윗은 우리에게서 경외심 어린 감탄을 끌어내기 위해 이 두 가지 모두에 집중하게 했다. 제이미슨(Jamieson), 포셋(Fausset), 브라운(Brown)은 이 시편에 대해서 이렇게 해설한다.

향기로운 기름이 상쾌함을 주는 것처럼, 이것은 기쁨을 가져다 준다. 대제사장을 위한 거룩한 관유는 네 가지 최고의 향료를 올리브유와 섞어서 만든다(출 30:22, 25, 30). 이것이 풍성하게 흘러내리는 모습은 넘치는 성령의 은혜를 예표한다. 헐몬의 이슬처럼

땅을 비옥하게 만드는 이슬이 듬뿍 내려 시온산을 흐르는 것처럼, 이 연합은 선행이라는 열매를 맺는다.[1]

이 얼마나 풍성한 묘사인가! 하나님의 백성 사이의 연합은 추구할 가치가 있으며 그렇기에 경축하고 기뻐해야 한다.

이스라엘 사람들에게 이 연합은 모든 지파가 진실한 사랑과 협력 가운데 공존하는 법을 배워야 한다는 사실을 의미했다. 하나님은 아브라함, 이삭, 야곱이라는 공통된 뿌리를 주심으로써 한 나라로 만드셨다. 그분은 다른 주변 나라가 공유할 수 없는 믿음을 함께 갖도록 하심으로써 이 연합의 끈을 더욱 강하게 만드셨다. 이스라엘 사람들은 정치적인 연결 고리와 신앙적인 연결 고리를 갖고 있었다. 하나님은 그들이 이 연합을 유지하기를 원하셨다. 그들이 이 연합을 유지했을 때, 그들은 적들을 막고 결정적인 승리를 얻을 수 있었다.

시편 133편을 교회에 적용하면, 우리는 개별 교회 일원들 사이의 연합에 대해 그리고 더 넓은 범위로 세상에서 신자들과 교회의 연합에 대해 말할 수 있다. 이 책에서 우리는 하나님이 어떻게 우리를 하나로 만드셨고 이 연합을 깨닫고, 유지하고, 표현하게 하셨는지 살펴봤다. 이 연합이 보존된다면 하나님의 영광을 드러내는 놀라운 일들이 이루어질 것이다.

시편 133편에서 관유가 풍성히 흐른다고 묘사하는 내용이 성령님의 은혜의 풍성함을 예표한다고 본 제이미슨, 포셋, 브라운의 견해는 실로 옳다. 성령님이 슬퍼하시는 곳에서 그분은 자신의 은혜를 거둬 가시며, 그 결과는 영적 황폐함, 부패, 비참함뿐이다. 죄로 인한 불화가 있는 곳에서 이러한 일들이 종종 일어난다. 그러나 사랑과 하나님을 높이는 연합이 있을 때 성령님은 새로운 생명을 불어넣으시며, 그 결과는 새로움, 열매 맺음, 기쁨이다.

시편 133편이 "거기서 여호와께서 복을 명령하셨나니"(3절)라고 말할 때, 이것은 하나님이 베푸시는 풍성한 공급을 의미한다. 이 시편은 레위기 25장을 연상시킨다. 레위기 25장에서 하나님은 이스라엘 백성에게 그들이 하나님의 율법을 순종한다면 그들에게 안전을 주시고 축복하시겠다고 약속하셨다. 이스라엘 사람들은 7년째마다 땅을 쉬도록 해야 할 때 "우리가 만일 일곱째 해에 심지도 못하고 소출을 거두지도 못하면 우리가 무엇을 먹으리요"(레 25:20)라고 염려했다. 하나님은 "내가 명령하여 여섯째 해에 내 복을 너희에게 주어 그 소출이 삼 년 동안 쓰기에 족하게 하리라"(21절)라고 대답하신다. 시편 133편에서 다윗은 이러한 장면을 사용한다. 연합이 있는 곳에 하나님은 놀라운 비옥함을 주신다. 이때 이것은 단지 농사에서의 생산을 가리키지 않는다. 영원한 생명을 의미한다. 오직 하나님만이 이렇게 사랑, 평화, 기쁨, 구원, 성화, 참된 예배의 전파로 충만한 풍성한 생명을 주실 수 있다.

당신은 이 시편에서 드러나는 활력과 기쁨에 대한 감각, 그리고 풍요로움과 풍성함의 축복을 놓칠 수 없을 것이다. 이러한 것들은 아론에게 풍성히 부어져서 머리카락뿐만 아니라 수염까지 적시고 심지어 그의 제사장 옷깃에까지 이르는 관유에서 드러난다. 얼마나 넘치는 풍요로움인가! 이것이 바로 하나님의 백성이 함께 살아가며 일하기를 배울 때 하나님이 일어나게 하시는 일이다. 이러한 일은 분열의 영에 의해서는 결코 일어날 수 없다. 오히려 분열은 긴장과 비참이라는 분위기를 금세 만들어 내고 하나님을 영화롭게 하는 열매의 결핍을 낳을 것이다. 역사에는 이러한 분열의 효과에 대한 증거가 가득하다.

우리는 복음을 믿고 선포한다고 주장하는 이들의 사역에서 이러한 활력, 기쁨, 풍요로움을 보고 있는가? 그렇지 않다면, 이는 성령님을 탄식하게 만드는 분열의 영으로 인해 하나님이 자신의 축복을 보류하고 계시기 때문은 아닐까?

천국에서 완성되는 연합

궁극적으로 교회의 연합은 하나님의 영원한 왕국에서 드러날 것이다. 이 땅에서 우리는 "몸이 하나요 성령도 한 분 … 한 소망 … 주도 한 분이시요 믿음도 하나요 세례도 하나요 하나님도 한 분이시니 곧 만유의 아버지시라 만유 위에 계시고 만유를 통일하시고 만유 가운데 계시도다"(엡 4:4-6)라는 말씀에 의심을 품을지도

모른다. 천국에서는 이에 대한 어떤 의심도 없을 것이다. 그곳에는 세상이 시작될 때부터 주 예수 그리스도의 재림 때까지 거두어진 그분의 단 하나의 신부밖에 없을 것이기에 그렇다. 그래서 커티스 C. 토마스는 이렇게 말한다.

> 주님이 나타나셔서 우리 모두를 본향으로 부르실 때, 우리는 영원토록 하나님의 어린양을 예배하기 위해서 한 보좌 앞에 다시 모두 함께 모이게 될 것이다. 지금은 몸들이 분열되어 있을 수 있지만 오직 하나의 위대한 몸만 있게 될 때가 올 것이다.[2]

우리는 "각 족속과 방언과 백성과 나라"(계 5:9)로부터 온 이들로 구성될 것이다. 하나님이 우리를 "하나님 앞에서 나라와 제사장들"로 세우셨을 뿐 아니라 "땅에서 왕 노릇" 하도록 하셨다는 사실이 분명하게 드러날 것이다(계 5:10). 어린양의 생명책에 이름이 적힌 우리는 모두 어린양의 혼인 잔치 때 영광스럽게 옷 입고 신랑을 맞이할 하나 된 신부(one bride)가 될 것이다. 그리고 의의 본향인 새 하늘과 새 땅에서 영원히 그분과 함께 거할 것이다. 우리가 그분 안에서 우리의 하나 된 연합을 경축할 때 이기적이고 분열된 세상에 의해 흘렸던 모든 눈물은 그분의 사랑스러운 손에 의해 닦일 것이다. 이전 것들은 모두 지나가 버릴 테니 말이다(계 19:6-8; 21:1-4).

이는 바로 성도들의 갈망의 성취가 될 것이다. 그들은 지상에서 인종과 종족 간의 사회적이고 문화적인 분열을 넘어서는 연합 그리고 심지어 다른 교파에 속한 복음주의 신자들의 연합을 위해 기도했기 때문이다. 모든 교리적 논쟁이 끝날 것이다. 우리 지식이 완전해질 것이기에 그렇다. 타락후선택설(infralapsarianism)과 타락전선택설(supralapsarianism)이라는 복잡한 문제도 해결될 것이다. 우리는 모두 진정한 구원의 서정(ordo salutis, 구원의 순서)에 대해 알게 될 것이다. 심지어 유아에게 세례를 주는 이들과 그렇지 않은 이들 사이의 논쟁도 해결될 것이다. 또한 우리는 종말론에 대한 견해 중 무엇이 옳았는지 알게 될 것이다. 모든 예언이 밝히 드러날 테니 말이다. 그러니 하늘에서 교리적 분열이 일어날 수가 있겠는가? 그럴 수 없다. 그때가 되면 유일한 분열은 바로 구원을 위해 그리스도만을 믿은 이들과 그렇지 않은 이들 사이에 있을 것이다. 거기에 참된 복음적 연합과 분열이 있을 것이다. 새 하늘과 새 땅에서는 "하나님도 한 분이시니 곧 만유의 아버지시라 만유 위에 계시고 만유를 통일하시고 만유 가운데 계시도다"라는 말씀이 밝히 드러날 것이다. 이는 거의 상상할 수 없을 정도다!

지금도 경축하는 연합

이러한 축복을 경험하기 위해 그때까지 기다리고 있지는 말자.

위대한 음악 공연이 그렇듯이, 지금 완전한 연합의 리허설을 시작하여 우리 마음이 찬양으로 가득 차오르게 하자. 존 골딩게이(John Goldingay)는 시편 133편을 해설하면서 이렇게 권면한다.

그리스도인 형제자매들은 기막힌 불화 가운데 살아간다. 이것은 그들로부터 선함과 사랑스러움을 빼앗고, 그들의 기쁨을 앗아가며, 그들의 축복을 넘겨주기에 그들의 증언은 힘을 잃게 된다. 이 시편은 형제자매가 하나 될 때의 아름다움에 대해 고찰하고 이 시편이 제공하는 하나 됨의 이미지를 묵상하도록 우리를 초청한다. 이것이 우리에게 하나가 되어 살아가도록 하는 영감을 주는지 살펴보도록 말이다.[3]

우리의 교회에서 주변을 둘러보고 복음이 어떻게 사람들 사이에 있는 수많은 사회적 장벽을 극복했는지 살펴보라. 어떻게 국가 및 교파적 장벽을 넘어서서 우리에게 함께 일하는 것이 가능하게 했는지 보라. 복음이 이를 이루었다. 이것이 우리의 생명줄이다. 바로 이런 이유가 있기에, 복음이 결여한 정체불명의 종교적 연합 같은 것을 이유로 복음을 저버려서는 안 된다. 또한 동시에 우리가 이미 사소한 여러 가지 교리적이고 실천적인 차이에 신경 쓰지 않고 힘을 모아 복음을 위해 함께 분투해 왔다는 사실을 통해 격려를 얻자. 교파를 초월하여 참된 신자들이 복음과 하나님 나라를 위해 어떻게 그들의 자원을 함께 사용해 왔는지를 보고 기뻐하자. 은혜와 진리의 균형을 잡고, 공동의 대의를 위해 본질과 비본질을 구별할 줄 아는 신자들의 성숙함, 즉 은혜로 가득한 이 성숙함에 집중하자. 이 모든 것의 열매는 이미 맺히고 있다. "거기서 여호와께서 복을 명령하셨나니 곧 영생이로다"(시 133:3)라는 말씀처럼 말이다. 이 복음적 연합을 지금 함께 경축하자!

1부에서 인용했던 "교회의 참된 터는"(49-50쪽 참조)이란 찬양은 이 책에서 내가 다룬 모든 내용을 잘 담고 있다. 이 찬양의 남은 부분을 묵상하도록 초청한다. 이 찬양의 마침 부분이 당신의 기도가 되도록 하라.

경멸 섞인 놀라움으로,
사람들은 본다네. 교회가 겪는 거친 압제를.
분열로 찢겨 나가는 모습을,
이단에 의해 고통받음을,
그러나 성도들은 여전히 파수를 서고,
"언제까지입니까?"라는 그들의 외침 올라가네.
곧 울음의 밤이 지나고
노래의 아침 밝아 오네!

교회는 결코 멸망하지 않으리!
사랑하는 주님이 그녀를 지키고,
인도하고, 지탱하고, 소중히 감싸시니,
그분은 끝까지 교회와 함께하시네;
비록 교회를 미워하는 이들 있지만,
또한 거짓된 자식들이 그녀 안에 있지만,
적과 배신자들에 맞서
교회는 늘 승리한다네.

교회가 겪는 수고와 환난 가운데,
전쟁의 소란 가운데,
그녀는 기다린다네,
영원한 평화의 완성을;
영광스러운 비전을 바라보던
그녀의 간절한 눈이 복을 얻고,
위대한 승리의 교회는
안식을 누리는 교회가 되리라.

그러나 그녀는 이 땅에서 연합한다네,
삼위일체이신 하나님과
그리고 신비롭고 달콤한 교제를,

안식을 얻은 이들과 함께 나눈다네.
오, 행복하고 거룩한 이들이여!
주여, 우리에게 은혜를 주사
그들처럼 온유하고 겸손하여,
높은 곳에서 주와 함께 거하게 하소서.[4]

감사의 글

목회자로 일하면서 저술 활동을 해 나갈 때 항상 여러 사람에게 빚진다는 사실을 깨닫습니다. 그들의 도움에 마땅히 감사를 표합니다.

목회자와 전도사로 구성된 이들이 나와 함께 각 장을 검토하며 피드백을 해 주어 귀중한 통찰력을 얻을 수 있었습니다. 알렉스 무탈레, 치피타 시발레, 콜린스 사칼룬다, 커티스 치르와, 엠마누엘 칠레셰, 에릭 아카, 조셉 치솔라, 케네디 카왐발레, 마이클 음완자, 마이크 므사피리, 밀리언 캄불리, 음윈둘라 음베웨, 오비 루붐베, 오스왈드 시출라, 에사야 은카타, 세비오 야윌라, 그리고 징가 반다, 여러분 모두 이 저술을 위해 많은 시간을 할애해 주었습니다. 이 자리를 빌려 감사를 표합니다. 여러분의 기여는 매우 귀중했습니다.

그리고 뒤에서 지원해 준 사무실 보조원 아이린 마보셰와 사역 보조원 프랜시스 카운다에게도 감사드립니다. 내 삶과 사역에서 세세한 부분들을 너무나 많이 돌봐 주어서, 그것들을 모두 열거하려면 몇 페이지를 채울 것입니다. 여러분의 도움 덕분에 이 책을 쓰는 것처럼 다른 도전을 해 나갈 수 있었습니다. 여러분의 성실함에 감사드립니다.

잠비아 루사카의 카브와타 침례교회(Kabwata Baptist Church) 장로님들에게도 감사드립니다. 여러분은 내가 더 넓은 교회를 위해 책을 써야 함을 알아주고 이를 수행할 시간을 주었습니다. 이는 여러분이 종종 더 많은 장로 업무를 맡아 내가 저술 활동을 할 수 있게 해 주었음을 의미합니다. 진심으로 감사드립니다.

마지막으로, 내 아내 펠리스타스에게 감사를 표합니다. 당신은 내게 최고의 '적합한 조력자'입니다! 감히 헤아릴 수 없는 수많은 방법으로 당신은 나를 돕고 희생했습니다. 당신이 없었다면 이 책을 완성하지 못했을 것입니다. 당신에게 진 빚은 말로 다 표현할 수 없습니다.

주

서론: 그리스도인의 연합에 대한 극단적 견해를 피하라

1) R. B. Kuiper, *The Glorious Body of Christ: A Scriptural Appreciation of the One Holy Church* (Edinburgh: Banner of Truth, 1967), 41.
2) John Calvin, *Commentary on the Gospel according to John*, vol. 2, in *Calvin's Commentaries*, vol. 18, trans. William Pringle (Grand Rapids, MI: Baker, 2003) 183.
3) Mark Dever, *The Church: The Gospel Made Visible* (Nashville: B&H, 2012), 16.
4) 오늘날 '복음적'이라는 용어는 다양하게 사용된다. 나는 이 책이 속한 시리즈의 다른 저자들이 그랬듯이 오직 은혜를 통해, 오직 그리스도 안에서, 오직 믿음으로 구원받는다고 믿는 이들을 가리키는 용어로 이것을 사용한다.
5) Kuiper, *The Glorious Body of Christ*, 49.

1. 그리스도 안에서 연합이 성취되었다

1) John R. W. Stott, *God's New Society: The Message of Ephesians* (Leicester: Inter-Varsity Press 1979), 102. 『에베소서 강해』(서울: IVP, 2007).

주 / 129

2) "Rock of Ages" (1776), https://hymnary.org/. "만세 반석 열리니"(새찬송가 494장).
3) Peter Jeffery, *Opening Up Ephesians* (Darlington, UK: Evangelical Press, 2002), 29.
4) Bryan Chapell, *Ephesians*, Reformed Expository Commentary (Phillipsburg, NJ: P&R, 2009), 119.
5) R. C. Sproul, *John: An Expositional Commentary* (Sanford, FL: Ligonier Ministries, 2009), 305-6.
6) S. J. Stone, "The Church's One Foundation" (1866), https://hymnary.org/. "교회의 참된 터는"(새찬송가 600장).

2. 성령님이 연합을 적용하신다

1) D. Wilson, quoted in *The Thought of the Evangelical Leaders: Notes of the Discussions of the Eclectic Society, London, during the Years 1798-1814*, ed. John H. Pratt (1856; repr., Edinburgh: Banner of Truth, 1978), 347.
2) Curtis C. Thomas, *Practical Wisdom for Pastors: Words of Encouragement and Counsel for a Lifetime of Ministry* (Wheaton, IL: Crossway, 2001), 174.
3) D. Martyn Lloyd-Jones, *God's Way of Reconciliation: An Exposition of Ephesians 2* (Edinburgh: Banner of Truth, 1972), 354. 『에베소서 강해 2. 영적 화해』(서울: 기독교문서선교회, 2007).

3. 신자들은 열정적으로 연합을 지켜야 한다

1) D. Martyn Lloyd-Jones, *Christian Unity: An Exposition of Ephesians 4:1-16* (Edinburgh: Banner of Truth,1980), 268, 굵은 글씨 강조는 원문을 따랐다. 『에베소서 강해 4. 영적 연합』(서울: 기독교문서선교회, 2004).
2) A. W. Tozer, *The Knowledge of the Holy* (1961; repr., Milton Keynes, UK: Authentic Media, 2005), 130. 『하나님을 바로 알자: 하나님의 거룩하심에 대한 재발견』(서울: 생명의말씀사, 2008).
3) Curtis C. Thomas, *Practical Wisdom for Pastors: Words of Encouragement and Counsel for a Lifetime of Ministry* (Wheaton, IL: Crossway, 2001), 174.
4) Albert Mohler, "A Call for Theological Triage and Christian Maturity",

Albert Mohler (blog), July 12, 2005, https://albertmohler.com/.
5) R. B. Kuiper, *The Glorious Body of Christ: A Scriptural Appreciation of the One Holy Church* (Edinburgh: Banner of Truth, 1967), 53-54.
6) Iain H. Murray, ed., *The Reformation of the Church: A Collection of Reformed and Puritan Documents on Church Issues* (1965; repr., Edinburgh: Banner of Truth, 1987), 372.
7) John MacArthur, *The MacArthur New Testament Commentary: Romans 9-16* (Chicago: Moody Publishers, 1994), 272.
8) John Piper, *Let the Nations Be Glad: The Supremacy of God in Missions* (Grand Rapids, MI: Baker 1993), 217.
9) Charles H. Spurgeon, "Satanic Hindrances" sermon 657 in *The Metropolitan Tabernacle Pulpit Sermons*, vol. 11 (London: Passmore & Alabaster, 1865), Christian Classics Ethereal Library, https://ccel.org/ccel/spurgeon/sermons11/.
10) Thomas, *Practical Wisdom for Pastors*, 175.

4. 복음 사역 속에서 연합이 증거된다

1) John S. Hammett, *Biblical Foundations for Baptist Churches* (Grand Rapids, MI: Kregel, 2005), 53. 『침례교회의 성서적 기초: 새로운 시대를 위한 교회론』(서울: 성서침례대학원대학교출판부, 2023).
2) '공교회'(catholic), 즉 가톨릭이라는 표현은 이전 단락에서 봤듯이 로마 가톨릭교회를 가리키지 않고 단순히 '보편적'이라는 것을 의미한다.
3) *Creeds, Confessions, and Catechisms: A Reader's Edition*, ed. Chad Van Dixhoorn (Wheaton, IL: Crossway, 2022), 225.
4) Charles H. Spurgeon, "An Antidote to Satan's Devices", sermon 2707 in *The Metropolitan Tabernacle Pulpit Sermons*, vol. 46 (London: Passmore & Alabaster, 1900), Christian Classics Ethereal Library, https://ccel.org/ccel/spurgeon/sermons46/.
5) Curtis C. Thomas, *Practical Wisdom for Pastors: Words of Encouragement and Counsel for a Lifetime of Ministry* (Wheaton, IL: Crossway, 2001), 175.

결론: 그리스도인의 연합은 추구하고 경축할 가치가 있다

1) Robert Jamieson, A. R. Fausset, and David Brown, *Commentary Critical and Explanatory on the Whole Bible*, vol. 1 (1871; repr., Oak Harbor, WA: Logos, 1997), 386.
2) Curtis C. Thomas, *Practical Wisdom for Pastors: Words of Encouragement and Counsel for a Lifetime of Ministry* (Wheaton, IL: Crossway, 2001), 133.
3) John Goldingay, *Psalms*, vol. 3, *Psalms 1-41*, Baker Commentary on the Old Testament Wisdom and Psalms (Grand Rapids, MI: Baker Academic, 2008), 569.
4) S. J. Stone, "The Church's One Foundation" (1866), https://hymnary.org/. "교회의 참된 터는"(새찬송가 600장).

사명선언문

너희가 흠이 없고 순전하여……세상에서 그들 가운데 빛들로
나타내며 생명의 말씀을 밝혀 _ 빌 2:15-16

1. 생명을 담겠습니다
만드는 책에 주님 주신 생명을 담겠습니다.
그 책으로 복음을 선포하겠습니다.

2. 말씀을 밝히겠습니다
생명의 근본은 말씀입니다.
말씀을 밝혀 성도와 교회의 성장을 돕겠습니다.

3. 빛이 되겠습니다
시대와 영혼의 어두움을 밝혀 주님 앞으로 이끄는
빛이 되는 책을 만들겠습니다.

4. 순전히 행하겠습니다
책을 만들고 전하는 일과 경영하는 일에 부끄러움이 없는
정직함으로 행하겠습니다.

5. 끝까지 전파하겠습니다
모든 사람에게, 땅 끝까지, 주님 오시는 그날까지
복음을 전하는 사명을 다하겠습니다.

서점 안내

광화문점　서울시 종로구 새문안로 69 구세군회관 1층
　　　　　　02)737-2288 / 02)737-4623(F)

강남점　　서울시 서초구 신반포로 177 반포쇼핑타운 3동 2층
　　　　　　02)595-1211 / 02)595-3549(F)

구로점　　서울시 동작구 시흥대로 602, 3층 302호
　　　　　　02)858-8744 / 02)838-0653(F)

노원점　　서울시 노원구 동일로 1366 삼봉빌딩 지하 1층
　　　　　　02)938-7979 / 02)3391-6169(F)

일산점　　경기도 고양시 일산서구 중앙로 1391 레이크타운 지하 1층
　　　　　　031)916-8787 / 031)916-8788(F)

의정부점　경기도 의정부시 청사로47번길 12 성산타워 3층
　　　　　　031)845-0600 / 031)852-6939(F)

인터넷서점　www.lifebook.co.kr